大方廣佛華嚴經

대방광불화엄경

入法界品 指南圖

입법계품 지남도

龍學스님 해설
佛國선사 圖讚

文殊舒臂 摩善財頂

## 일러두기

1. 원문原文의 저본底本은 신수대장경 제45권『문수지남도찬文殊指南圖讚』이며,
   그림의 채색은 염화실지 표지에 실린 것을 사용하였다.
2. 인용 경문經文은 해인사 고려대장경판『80권 화엄경』을 저본으로 하였으며,
   한글 번역은 담앤북스에서 출판한 무비스님의『대방광불화엄경 강설』을 참고하여
   그대로 또는 첨삭하여 실었다.
3. 각주는 대만 CBETA 사이트에 있는 청량국사의『화엄경소초華嚴經疏鈔』와
   통현장자의『화엄경합론華嚴經合論』을 인용하였다.
4. 『60화엄경』『80화엄경』『40화엄경』 53선지식을 비교하여 도표로 실었다.
5. 불국선사 찬讚 칠언율시는 운율과 평측을 색글자도표로 정리하여 실었다.
6. 53선지식의 순번은 내용구분 편의상『문수지남도찬』과 다르게 편집하였다.
7. 제6 해당비구 편에 그림 속 왼쪽 卍字는 오른쪽 卐字로 수정하였다.(고려대장경 근거)
8. 십지 선지식 중 제5 난승지難勝地와 제6 현전지現前地 오류는 難勝地 ↔ 現前地 교차수정
   하였다.

# 입법계품 지남도
## 入法界品 指南圖


( 선재동자 순례기 )

신라화엄종찰 범어사 여천무비如天 無比 스님 휘호

# 입법계품 지남도
## 入法界品 指南圖

( 선재동자 순례기 )

佛國선사 圖讚

龍學스님 해설

맑은소리
맑은나라

# 序文

이 책은 화엄경 입법계품에서 선재동자가 53선지식을 친견하며 구도하는 모습을 시와 그림으로 서술한 불국佛國선사의 『문수지남도찬文殊指南圖讚』을 중심으로 입법계품 근본법회와 후반 보현행원품까지 포함하여 총22권 분량을 요약하여 1권의 입법계품 해설서로 엮었다. 본문은 대략 세 단락으로 분류하였다.

첫 번째 단락은 『문수지남도찬』에서 생략된 근본법회 여래회와 지말법회 보살회의 경문經文을 발췌해서 실었다. 근본법회는 여래회상에서 보현보살과 문수보살이 상수上首가 되고, 운집한 대중이 여래의 경계境界와 지행智行과 가지加持 등 60가지에 대하여 궁금한 생각을 일으키자, 이에 부처님께서 사자빈신삼매師子頻申三昧와 보조법계방광普照法界放光으로 장엄한 경계를 펼쳐 보이시었다. 그에 대해 보현보살과 문수보살이 찬탄하고 설명하는데 선근이 깊어서 근기가 수승한 보살들은 환하게 알 수 있었지만, 선근의 인연이 하열한 성문들은 눈이 멀고 귀가 먼 사람처럼 보거나 들을 수 없었다.

그것은 누구나 본래 부처님과 동일한 불성佛性을 가지고 있지만, 무명업식無明業識으로 인하여 분별사식分別事識을 일으켜 진심眞心을 알지 못하는 것을 가리킨다. 비유하자면 약초가 가득한 설산雪山에 의사의 눈에는 약초가 훤히 보이지만, 평생 그 산에 살면서도 사냥꾼의 눈에는 사냥감만 보이고, 목동의 눈에는 잡풀만 보이는 것과 같다.

여래회상의 장엄한 광경을 볼 수 없는 대중을 위해 문수보살은 부처님의 허락을 받고 사리불과 6천 명의 비구들을 인솔하여 서다림의 선주누각을 나서서 남쪽으로 인간세상을 향한다. 여기서부터 지말법회 보살회상의 시작이며, 문수보살은 도중에 6천 비구를 위해 열 가지의 대승법요大乘法要를 설하여 제도하고, 또한 사라림에서 1만 용들을 발심하게 하였다. 그리고 복성福城 동쪽 장엄당 사라림의 불대탑묘가 있는 곳에서 선남선녀와 동남동녀 각 5백 명을 제도하는 법문을 베풀었다. 그중에 부처님과 인연이 깊은 선재동자의 출생 내력을 설명하고 발심하게 해서 남쪽으로 선지식을 참방하도록 지시하는 부분까지가 이 책의 첫 단락이다.

두 번째 단락은 지말법회 선재회이며, 사라림에서 문수보살의 법문을 듣고 믿음을 성취한 선재동자가 발심하여 문수보살의 가르침을 받들어서 남쪽으로 떠나 53선지식을 차례대로 친견하는 내용이다. 이 단락은 『문수지남도찬』의 그림과 함께 경문도 간단히 실어서 해설을 하였다.

선재동자는 남녀노소男女老少, 빈부귀천貧富貴賤, 진속내외眞俗內外의 다양한 선지식으로부터 유언무언有言無言으로 차별 속에서 무차별을 배운다. 맨 앞에 (1) 덕운[佛], (2) 해운[法], (3) 선주[僧] 세 비구를 먼저 친견하는 것은 삼보三寶와 출가 수행자가 불교의 근본이기 때문이다. 점차 남행을 하다가 서른 명의 삼현三賢 중에 마지막 (30) 안주지신에 이르러서 마가다국 보리도량에 도착하고, (31) 바산바연저주야신 이후 십성十聖과 등각等覺 선지식들에게 보리도량과 가비라성 주변에서 가르침을 받는다. 석가모니가 탄생하신 가비라성과 성불하신 마가다국 보리도량을 언급하는 것은 선재동자의 성불이 가까워졌음을 의미한다.

특히 53선지식 중에 세 번에 걸친 보살법문은 중요한 의미가 있다. 처음에 (0) 문수보살은 하열한 중생이 신심을 성취하고 발심함을 의미하며, 중간에 (27) 관자재보살, (28) 정취보살은 자비와 지혜를 갖추어 점진적으로 수행함을 의미하며, 마지막에 (51) 미륵보살, (52) 문수보살, (53) 보현보살은 일체 법을 원만하게 성취함을 의미한다. 선재동자는 마지막에 (51) 미륵보살을 만나서 잃어버리고 싶어도 잃어버릴 수 없는 본래 면목을 깨닫는다. 허망하게 있던 생각이 없어지는 것이지[萬法唯識], 본래 없는 마음이 어떻게 없어질 수가 있겠는가[本來無一物]. 미륵보살은 머지않아 선재동자가 자신이나 문수보살처럼 될 것이라고 예언을 한다. 다시 만난 (52) 문수보살은 마정수기를 주고는 자취를 거두고 다시 나타나지 않으면서[還攝不現], 근본지의 극치를 여실히 보여준다[懸崖撒手]. 홀로 남은 신재동자는 금강도량 비로자나여래의 사자좌 앞에 앉아서 삼매에 들어 비로소 자신이 (53) 보현보살과 동등하며 부처님과 동등한 존재임을 마침내 자각한다.

세 번째 단락은 『40화엄경』(40권본, 반야 譯) 마지막 제40권에 있는 보현행원普賢行願 중에 항순중생恒順衆生의 경문을 실어 화엄사상의 실현을 발원하였다. 수행자가 중생을 수순하게 되면 곧 모든 부처님을 수순하여 공양하는 것이 되기 때문이며, 중생을 존중하여 섬기면 곧 부처님을 존중하여 섬기는 것이 되기 때문이며, 중생을 기쁘게 하면 곧 부처님을 기쁘게 하는 것이 되는데, 그것은 부처님이 자비하신 마음으로 바탕을 삼으시기 때문이다. 중생으로 인하여 큰 자비심을 일으키고 자비로 인하여 보리심을 내고 보리심으로 인하여 정각을 이루기 때문이다.

해탈삼매의 근본은 자비심이며, 자비심은 지극한 하심下心에서 저절로 생겨난다. 삼매를 얻게 되면 말과 행동과 생각이 깊어지고, 신통한 가피를 얻어서 평범함 속에서 스스로 만족한다. 사사로움이 사라지면 모래를 쳐서 금을 채취하고, 돌을 쪼개서 옥을 캐내듯이, 화엄경의 종지宗旨인 보현행원을 부지런히 실천하게 된다. 무상의 도리를 깨달으면 자신을 귀하게 여기며, 범부가 보살이 되고, 보살이 부처님이 되는 도리를 믿게 된다. 항순중생이란 공덕을 귀하게 여기는 마음이다. 인생의 이상향은 보현행원에 있다. 이상 세 단락으로 화엄경 입법계품 대강大綱을 한 권의 절요節要로 편집하였다.

스무 권이 넘는 입법계품에서 시종일관 주인공으로 등장하는 선재동자는 다름이 아니라 바로 일심一心을 말한다. 선재동자가 초발심을 끝까지 버리지 않고 자신을 스스로 담금질하는 연금술사의 모습은 치어穉魚가 먼바다 거친 풍파를 이겨내고 모천母川으로 돌아오는 것처럼 대견하다. 어느 해 중국 소림사 근처 숭양서원崇陽書院에 들러서 4500년이나 된 편백나무를 보고 감동한 적이 있다. 옹골찬 작은 씨앗 하나가 그렇게 크게 자란 것이다. 사실 모든 생멸이 알고 보면 그 바탕이 모두 불생불멸이다.

900년 전 대장경 목판본『문수지남도찬』을 대강백 무비無比스님께서 불교 일러스트레이터 정기란 작가의 손길을 빌려 곱게 채색하여, 문수경전연구회 월간지『염화실』의 표지로 수년간 홍보하셨다. 소납小衲은 어른스님의 원력을 받들어 그림과 함께 실려 있는 본문 내용을 매월 국문으로 번역하였다. 송宋 황제의 존숭을 받으며 선법禪法을 선양하고『속등록續燈錄』30권을 지은 바 있는 불국 유백佛國惟白 선사의 도찬圖讚을 남행의 길을 가고자 하는 분들에게 소개할 수 있어서 다행이다.

수행자는 동서남북 어느 방향으로 가더라도 항상 남행南行이어야 하고, 상하좌우 어떤 처지에 살더라도 항상 중도中道여야 한다. 남행이라는 말은 문수보살이 가신 길이며, 선재동자가 가신 길로 양명陽明한 자비와 지혜를 찾아가는 길이다. 중도라는 말은 불보살님이 머무는 곳이며, 선지식이 머무는 곳으로 머무름 없이 머무르며[無住而住], 집착 없이 살아가는 삶이다. 속된 명리와 시비를 돌아보지 않고 바람처럼 걸림 없이 보현행원으로 살아가는 삶이다.

하늘에 해와 달이 본처를 떠나지 아니하고 모든 산하대지를 비추듯이[不動本處照十方], 부처님께서 보리수 아래를 떠나지 아니하고[而恒處此菩提座], 인연 있는 중생을 다 제도하시며[隨緣赴感靡不周], 선재동자가 문수보살의 발밑을 떠나지 아니하고[不離文殊師利足下], 모든 선지식을 분명히 친견하시니, 이보다 확실한 진실이 어디 있겠는가. 그것을 행행본처行行本處 지지발처至至發處라고 하며, 무거무래無去無來 여여부동如如不動이라고 하였다.

집으로 가고자 하는 사람은 집이 자기에게 오기를 기다리지 말고 스스로 뚜벅뚜벅 걸어가야 한다. 범이 쥐를 잡지 않고, 여왕벌이 떠난 집에 돌아가지 않는 일도 장한 일이다. 그러나 화엄행자는 속가俗家가 바로 여래의 집인 줄 알아야 한다[願我速會無爲舍].

불기 2566(壬寅年) 수암란야 패엽실에서

용학 삼가 쓰다

# 제9회 서다림과 각처에서 법계의 평등과 차별을 설하다

[依人證入成德分 ; 證入因果]

| 第九會 證入因果 | | | |
|---|---|---|---|
| 39 入法界品 | 根本法會<br>如來會 | 給孤獨園 大衆雲集 | 頓入法界分 |
| | | 世尊入師子頻申三昧 | |
| | | 諸大聲聞 皆悉不見 | |
| | | 放光普照三世法界門 | |
| | 枝末法會<br>菩薩會 | 六千比丘 同伴南行 | 漸入法界分 |
| | | 福城佛塔 攝龍王會 | |
| | | 善財發心 文殊指南 | |
| | | 南巡歷參 攝善財會 | |

逝多林中　入師子頻申三昧　菩薩衆會雲集　聲聞衆會雲集　愚對雪山譬　伏藏難知譬　盲不見寶譬

대방광불화엄경 제60권 입법계품 근본법회根本法會 변상도變相圖 (봉녕사 대적광전 벽화)

放大光明普照三世法界門　圍遶衆會　出善住樓閣　文殊師利辭退南行　六千比丘同伴南行

대방광불화엄경 제61권 입법계품 근본법회根本法會 변상도變相圖 (봉녕사 대적광전 벽화)

# 제39 입법계품入法界品

## Ⅰ. 근본법회根本法會 여래회如來會

[經文]  그때 세존께서 실라벌국室羅筏國 서다림逝多林 급고독원給孤獨園의 대장엄중 각大莊嚴重閣에서 보살마하살 5백 분과 함께 계시었습니다.

## 1. 보살대중菩薩大衆

[經文]  ⓪보현보살普賢菩薩과 ⓪문수사리보살文殊師利菩薩이 상수上首가 되었습니다. 그 이름은 ①광염당보살光焰幢菩薩과 ②수미당보살須彌幢菩薩과 ③보당보살寶幢菩薩과 ④무애당보살無碍幢菩薩과 ⑤화당보살華幢菩薩과 ⑥이구당보살離垢幢菩薩과 ⑦일당보살日幢菩薩과 ⑧묘당보살妙幢菩薩과 ⑨이진당보살離塵幢菩薩과 ⑩보광당보살普光幢菩薩이었습니다.[1]

①지위력보살地威力菩薩과 ②보위력보살寶威力菩薩과 ③대위력보살大威力菩薩과 ④금강지위력보살金剛智威力菩薩과 ⑤이진구위력보살離塵垢威力菩薩과 ⑥정법일위력보살正法日威力菩薩과 ⑦공덕산위력보살功德山威力菩薩과 ⑧지광영위력보살智光影威力菩薩과 ⑨보길상위력보살普吉祥威力菩薩이었습니다.[2]

---

1) 광염당(光焰幢) 이하 십회향(十廻向)을 표한 보살. 十幢表向, 行德高出故.
2) 지위력(地威力) 이하 십행(十行)을 표한 보살. 九威力者表行, 能進修故.

①지장보살地藏菩薩과 ②허공장보살虛空藏菩薩과 ③연화장보살蓮華藏菩薩과 ④보장보살寶藏菩薩과 ⑤일장보살日藏菩薩과 ⑥정덕장보살淨德藏菩薩과 ⑦법인장보살法印藏菩薩과 ⑧광명장보살光明藏菩薩과 ⑨제장보살臍藏菩薩과 ⑩연화덕장보살蓮華德藏菩薩이었습니다.³⁾

① 선안보살善眼菩薩과 ②정안보살淨眼菩薩과 ③이구안보살離垢眼菩薩과 ④무애안보살無碍眼菩薩과 ⑤보견안보살普見眼菩薩과 ⑥선관안보살善觀眼菩薩과 ⑦청련화안보살靑蓮華眼菩薩과 ⑧금강안보살金剛眼菩薩과 ⑨보안보살寶眼菩薩과 ⑩허공안보살虛空眼菩薩과 ⑪희안보살喜眼菩薩과 ⑫보안보살普眼菩薩이었습니다.⁴⁾

## 2. 별도로 표한 십지보살十地菩薩

[經文] 또한 ① 천관보살天冠菩薩과 ②보조법계지혜관보살普照法界智慧冠菩薩과 ③도량관보살道場冠菩薩과 ④보조시방관보살普照十方冠菩薩과 ⑤일체불장관보살一切佛藏冠菩薩과 ⑥초출일체세간관보살超出一切世間冠菩薩과 ⑦보조관보살普照冠菩薩과 ⑧불가괴관보살不可壞冠菩薩과 ⑨지일체여래사자좌관보살持一切如來師子座冠菩薩과 ⑩보조법계허공관보살普照法界虛空冠菩薩이었습니다.⁵⁾

---

3) 지장(地藏) 이하 십지(十地)를 표한 보살. 十藏表地, 由得勝行諸佛勸起, 一念出生, 含攝成熟無量得故.
4) 선안(善眼) 이하 십주(十住)를 표한 보살. 十二眼者表解, 能照法故.
5) 십지(十地) 제1 환희지(歡喜地)를 표한 보살. 十冠者 : 初地冠於諸地之首, 檀冠衆行之先故. 又一一位中各具十者, 一地之中具足一切諸地功德故. 一度之中具足十度爲莊嚴故.

①범왕계보살梵王髻菩薩과 ②용왕계보살龍王髻菩薩과 ③일체화불광명계보살一切化佛光明髻菩薩과 ④도량계보살道場髻菩薩과 ⑤일체원해음보왕계보살一切願海音寶王髻菩薩과 ⑥일체불광명마니계보살一切佛光明摩尼髻菩薩과 ⑦시현일체허공평등상마니왕장엄계보살示現一切虛空平等相摩尼王莊嚴髻菩薩과 ⑧시현일체여래신변마니왕당망수부계보살示現一切如來神變摩尼王幢網垂覆髻菩薩과 ⑨출일체불전법륜음계보살出一切佛轉法輪音髻菩薩과 ⑩설삼세일체명자음계보살說三世一切名字音髻菩薩이었습니다.[6]

①대광보살大光菩薩과 ②이구광보살離垢光菩薩과 ③보광보살寶光菩薩과 ④이진광보살離塵光菩薩과 ⑤염광보살焰光菩薩과 ⑥법광보살法光菩薩과 ⑦적정광보살寂靜光菩薩과 ⑧일광보살日光菩薩과 ⑨자재광보살自在光菩薩과 ⑩천광보살天光菩薩이었습니다.[7]

①복덕당보살福德幢菩薩과 ②지혜당보살智慧幢菩薩과 ③법당보살法幢菩薩과 ④신통당보살神通幢菩薩과 ⑤광당보살光幢菩薩과 ⑥화당보살華幢菩薩과 ⑦마니당보살摩尼幢菩薩과 ⑧보리당보살菩提幢菩薩과 ⑨범당보살梵幢菩薩과 ⑩보광당보살普光幢菩薩이었습니다.[8]

①범음보살梵音菩薩과 ②해음보살海音菩薩과 ③대지음보살大地音菩薩과 ④세주음보살世主音菩薩과 ⑤산상격음보살山相擊音菩薩과 ⑥변일체법계음보살遍一切法界音菩薩과 ⑦진일체법해뇌음보살震一切法海雷音菩薩과 ⑧항마음보살降魔音菩薩과 ⑨대비

---

6) 십지(十地) 제2 이구지(離垢地)를 표한 보살. 十髻者 : 持戒無垢檢束尊高故.
7) 십지(十地) 제3 발광지(發光地)를 표한 보살. 十光者 : 發聞持光照法忍故.
8) 십지(十地) 제4 염혜지(焰慧地)를 표한 보살. 十幢者 : 焰慧精進超世高出故. 又道品伏惑, 精進伏慢故.

방편운뢰음보살大悲方便雲雷音菩薩과 ⑩식일체세간고안위음보살息一切世間苦安慰音菩薩이었습니다. [9]

①법상보살法上菩薩과 ②승상보살勝上菩薩과 ③지상보살智上菩薩과 ④복덕수미상보살福德須彌上菩薩과 ⑤공덕산호상보살功德珊瑚上菩薩과 ⑥명칭상보살名稱上菩薩과 ⑦보광상보살普光上菩薩과 ⑧대자상보살大慈上菩薩과 ⑨지해상보살智海上菩薩과 ⑩불종상보살佛種上菩薩이었습니다. [10]

①광승보살光勝菩薩과 ②덕승보살德勝菩薩과 ③상승보살上勝菩薩과 ④보명승보살普明勝菩薩과 ⑤법승보살法勝菩薩과 ⑥월승보살月勝菩薩과 ⑦허공승보살虛空勝菩薩과 ⑧보승보살寶勝菩薩과 ⑨당승보살幢勝菩薩과 ⑩지승보살智勝菩薩이었습니다. [11]

①사라자재왕보살娑羅自在王菩薩과 ②법자재왕보살法自在王菩薩과 ③상자재왕보살象自在王菩薩과 ④범자재왕보살梵自在王菩薩과 ⑤산자재왕보살山自在王菩薩과 ⑥중자재왕보살衆自在王菩薩과 ⑦속질자재왕보살速疾自在王菩薩과 ⑧적정자재왕보살寂靜自在王菩薩과 ⑨부동자재왕보살不動自在王菩薩과 ⑩세력자재왕보살勢力自在王菩薩과 ⑪최승자재왕보살最勝自在王菩薩이었습니다. [12]

9) 십지(十地) 제5 난승지(難勝地)를 표한 보살. 十音者：禪定發生難勝悅機故.
10) 십지(十地) 제6 현전지(現前地)를 표한 보살. 十上者：般若現前最尊上故.
11) 십지(十地) 제7 원행지(遠行地)를 표한 보살. 十勝者：遠行方便, 有中殊勝行故.
12) 십지(十地) 제8 부동지(不動地)를 표한 보살. 十一自在王者：相用不動大願無礙故.

①적정음보산寂靜音菩薩과 ②무애음보산無碍音菩薩과 ③지진음보산地震音菩薩과 ④해진음보살海震音菩薩과 ⑤운음보살雲音菩薩과 ⑥법광음보살法光音菩薩과 ⑦허공음보살虛空音菩薩과 ⑧설일체중생선근음보살說一切衆生善根音菩薩과 ⑨시일체대원음보살示一切大願音菩薩과 ⑩도량음보살道場音菩薩이었습니다. 13)

①수미광각보살須彌光覺菩薩과 ②허공각보살虛空覺菩薩과 ③이염각보살離染覺菩薩과 ④무애각보살無碍覺菩薩과 ⑤선각보살善覺菩薩과 ⑥보조삼세각보살普照三世覺菩薩과 ⑦광대각보살廣大覺菩薩과 ⑧보명각보살普明覺菩薩과 ⑨법계광명각보살法界光明覺菩薩이니, 이런 보살마하살 5백 분과 함께 계시었습니다. 14)

이 모든 보살이 다 보현의 행과 원을 성취하였습니다. 경계가 걸림 없으니 일체 모든 부처님의 세계에 두루하기 때문이며, 몸을 나타냄이 한량없으니 일체 모든 여래에게 친근하기 때문이며, 청정한 눈이 장애가 없으니 모든 부처님의 신통 변화하는 일을 보기 때문입니다.

이르는 곳이 제한이 없으니 모든 여래의 바른 깨달음을 이루는 곳에 항상 나아가기 때문이며, 광명이 끝이 없으니 지혜의 빛으로 모든 실상의 법 바다를 두루 비추기 때문이며, 법문을 설함이 다함이 없으니 청정한 변재가 끝이 없는 겁에 다함이 없기 때문입니다.

---

13) 십지(十地) 제9 선혜지(善慧地)를 표한 보살. 十音者 : 善慧演法自力生故.
14) 십지(十地) 제10 법운지(法雲地)를 표한 보살. 九覺者 : 法雲受職墮佛數故. 智覺諸法 無所遺故.

---

허공계와 같으니 지혜의 행하는 바가 다 청정하기 때문이며, 의지하는 데가 없으니 중생의 마음을 따라 육신을 나타내기 때문이며, 어리석은 눈병을 제멸하였으니 중생계에 중생이 없음을 알기 때문이며, 허공과 같은 지혜이니 큰 광명그물로 법계를 비추기 때문입니다.

[해설] 입법계품 근본법회 여래 회중에 보현보살과 문수보살을 위시하여 142분의 보살대중의 이름은 각기 매우 중요한 의미를 가지고 있다. 각자 수행방편과 깨달음의 경지를 뜻하기 때문에 그 이름의 의미를 유심히 새겨야 한다[卽事表法]. 입법계품에 보살의 이름이나 세주世主들의 이름을 설명한 경문을 본 후에 다시 세주묘엄품에 보살과 신중의 이름을 살펴보면 삼세간의 원융함에 대해 어느 정도 이해를 얻을 수 있다.

지말법회 섭선재회攝善財會에 53선지식의 이름과 거주하는 장소도 매우 중요한 의미를 가지고 있다. 선지식의 이름과 머무는 장소와 선지식의 법문이 모두 일맥상통하기 때문이다. 이 점을 염두에 두고 입법계품을 본다면 화엄경에 대한 이해가 한층 더 밝아짐을 기대할 수 있으리라 여긴다.

## 3. 성문대중聲聞大衆

[經文] 그리고 5백 명의 성문대중과 함께 있었으니, 모두 다 참 이치[眞諦]를 깨달았고 진실한 경계[實際]를 증득하였으며, 법의 성품에 깊이 들어가 영원히 윤회의 바다에서 벗어났으며, 부처님의 공덕을 의지하여 얽매임[結]과 부림을 당함[使]과 속박[縛]을 떠났으며, 걸림 없는 곳에 머물러 그 마음이 고요하기가 허공과 같으며, 부처님의 처소에서 의혹을 아주 끊고 부처님의 지혜 바다에 깊은 믿음으로 들어갔습니다.

## 4. 세주대중世主大衆

[經文]  그리고 또 한량없는 세간의 주인들과 함께 하였으니, 다 일찍이 한량없는 부처님을 공양하였고 항상 일체중생을 이익하게 하였으며, 청하지 않은 벗이 되어 항상 부지런히 수호하며 서원을 버리지 않았으며, 세간의 수승한 지혜의 문에 들어갔으며, 부처님의 가르침으로부터 태어나서 부처님의 정법을 보호하였으며, 큰 서원을 일으켜서 부처님의 종자를 끊지 않으려고 여래의 가문에 태어나서 일체 지혜를 구하였습니다.

[해설]  청하지 않은 벗이라는 것은 알아서 돕는다는 뜻이다. 예나 지금이나 소인배는 이익으로 사귀기 때문에 요청한 후에 움직이지만, 성인은 자비로써 다가서기 때문에 일부러 찾아가 성심껏 도와준다. 찾아가면 반드시 더불어 친해지고, 친해지면 반드시 편안히 지켜준다. 진정한 벗은 요청을 기다리지 않고 엄마가 갓난아이를 돌보듯이 한다.


## 5. 60가지 궁금함을 묻다

[經文]  이때에 모든 보살과 대덕성문과 세간의 모든 임금과 아울러 그 권속이 모두 이렇게 생각하였습니다.

'①여래의 경계境界, ②여래의 지행智行, ③여래의 가지加持, ④여래의 힘[力], ⑤여래의 두려움 없음[無畏], ⑥여래의 삼매三昧, ⑦여래의 머무르심[所住], ⑧여래의 자재自在, ⑨여래의 몸[身], ⑩여래의 지혜[智]는 일체 세간의 모든 천신과 사람들이 ①능히 통달하지 못하며[無能通達], ②능히 들어가지 못하며[無能趣入], ③능히 믿고 이해하지 못하며[無能信解], ④능히 분명하게 알지 못하며[無能了知], ⑤능히 참고 받아들이지 못하며[無能忍受], ⑥능히 살펴보지 못하며[無能觀察], ⑦능히 가려내지 못하며[無能揀擇], ⑧능히 열어 보이지 못하며[無能開示], ⑨능히 펴서 밝히지 못하며[無能宣明], ⑩능히 중생으로 하여금 알게 하지 못하느니라[無有能令衆生解了].'

'오직 ①모든 부처님의 가피하신 힘[加被之力], ②부처님의 신통하신 힘[神通力], ③부처님의 위덕의 힘[威德力], ④부처님의 본래 원하신 힘[本願力], 그리고 ⑤그 지난 세상의 착한 뿌리의 힘[善根之力], ⑥모든 선지식의 거두어 주는 힘[攝受之力], ⑦깊고 깨끗하게 믿는 힘[深淨信力], ⑧크고 밝게 아는 힘[大明解力], ⑨보리로 나아가는 청정한 마음의 힘[清淨心力], ⑩일체 지혜를 구하는 광대한 서원의 힘[廣大願力]은 제외될 것이니라.'

'오직 바라건대 세존께서 우리와 그리고 모든 중생의 ①갖가지 욕망[欲], ②갖가지 이해[解], ③갖가지 지혜[智], ④갖가지 말[語], ⑤갖가지 자유자재[自在], ⑥갖가지 머무는 처지[住地], ⑦갖가지 근의 청정함[根清淨], ⑧갖가지 뜻의 방편[意方便], ⑨갖가지 마음의 경계[心境界], ⑩갖가지 여래의 공덕을 의지함[依止如來功德], ⑪갖가지 말씀하신 모든 법을 들음[聽受諸所說法]을 따라서, 여래께서 ①예전에 온갖 지혜를 구하시던 마음[趣求一切智心], ②예전에 일으키신 보살의 큰 서원[所起菩薩大願], ③예전에 깨끗하게 하신 모든 바라밀[所淨諸波羅蜜], ④예전에 들어가신 보살의 모든 지위[所入菩薩諸地], ⑤예전에 원만하신 모든 보살의 수행[圓滿諸菩薩行], ⑥예전에 성취한 방편[成就方便], ⑦예전에 닦던 모든 도[修行諸道], ⑧예전에 얻으신 벗어나는 법[所得出離法], ⑨예전에 지으신 신통한 일[所作神通事], ⑩예전에 행하신 전생의 일 인연[所有本事因緣]과 아울러 ①등정각을 이룸[成等正覺], ②묘한 법륜을 굴림[轉妙法輪], ③부처님의 국토를 청정하게 함[淨佛國土], ④중생을 조복시킴[調伏衆生], ⑤일체 지혜의 법성을 엶[開一切智法城], ⑥일체중생의 길을 보임[示一切衆生道], ⑦일체중생의 머무는 데 들어감[入一切衆生所住], ⑧일체중생의 보시를 받음[受一切衆生所施], ⑨일체중생에게 보시의 공덕을 설함[爲一切衆生說布施功德], ⑩일체중생에게 모든 부처님의 영상을 나타내 보이시던[爲一切衆生現諸佛影像], 이와 같은 법들을 원컨대 말씀하여 주소서.'

## 6. 세존이 사자빈신삼매에 들다

[經文]   그때 세존께서 모든 보살의 마음에 생각함을 아시고 대비심大悲心으로 몸이 되고, 대비심으로 문이 되고, 대비심으로 머리가 되고, 대비심의 법으로 방편을 삼아 허공에 충만하여 사자빈신삼매師子頻申三昧에 드시었습니다.

이 삼매에 드시고 나니, 모든 세간이 모두 다 깨끗하게 장엄하여지고, 그때 이 크게 장엄한 누각이 별안간에 크게 넓어져서 끝닿은 데가 없었습니다. 금강으로 땅이 되고, 훌륭한 보배로 위에 덮고, 한량없는 보배 꽃과 모든 마니보배들을 가운데 널리 흩어서 곳곳에 가득하였으며, 유리로 기둥이 되었는데 여러 가지 보배가 합하여 되었으며, 크게 빛나는 마니로 장엄하였습니다. (중략)

그때 또한 부처님의 신통으로 서다림이 홀연히 커져서 말할 수 없는 부처님 세계의 작은 먼지 수 같이 많은 국토들과 그 면적이 같았는데 일체 묘한 보배들이 사이사이에 장엄하였습니다. (중략)

왜냐하면 여래의 선근善根이 부사의한 까닭이며, 여래의 선한 법이 부사의한 까닭이며, 여래의 위엄과 힘이 부사의한 까닭이며, 여래가 능히 한 몸으로 자재하게 변화하여 일체 세계에 두루 하는 것이 부사의한 까닭입니다. (중략)

온 법계 허공계에 가득한 모든 세계에서도 이와 같은 장엄함을 보고 시방에서 새로운 대중들이 세계바다의 작은 먼지 수 보살들과 함께 저 도량에서 출발하여 이 사바세계의 석가모니부처님이 계신 곳으로 왔습니다. 이와 같은 시방의 일체 보살과 그 권속들은 모두 보현보살의 행과 서원 가운데서 태어났습니다. (중략)

## 7. 대성문들이 삼매의 세계를 못 보는 이유[釋不見所由]

[經文] 이때에 상수上首인 여러 큰 성문들인 사리불舍利弗과 대목건련大目犍連과 마하가섭摩訶迦葉과 이바다離婆多와 수보리須菩提와 아누루타阿㝹樓馱와 난타難陀와 겁빈나劫賓那와 가전연迦㫋延과 부루나富樓那 등 모든 큰 성문들이 서다림에 있었습니다.[15]

그러나 모두 ①여래의 신통한 힘과 ②여래의 잘생긴 모습과 ③여래의 경계와 ④여래의 유희와 ⑤여래의 신통변화와 ⑥여래의 높으심과 ⑦여래의 묘한 행과 ⑧여래의 위덕과 ⑨여래의 머물러 지니심과 ⑩여래의 청정한 세계들을 보지 못하였습니다.[16]

(중략)

왜냐하면 ①착한 뿌리가 같지 않은 연고이며, ②본래부터 부처님을 뵈옵는 자재한 착한 뿌리를 닦아 익히지 않은 연고이며, ③본래부터 시방세계 모든 부처님 국토의 청정한 공덕을 찬탄하여 말하지 않은 연고이며, ④본래부터 모든 부처님 세존의 갖가지 신통과 변화를 칭찬하지 않은 연고이며, ⑤또한 본래부터 생사에서 헤매는 가운데서 아뇩다라삼먁삼보리심을 내지 않은 연고이며, ⑥본래부터 다른 이를 보리심에 머물게

---

15) 못 보는 대중의 이름을 밝히다.[明不見之人]
16) 못 보는 바의 경계를 밝히다.[明所不見境]

하지 못한 연고이며, ⑦본래부터 여래의 종자를 끊어지지 않게 하지 못한 연고이며, ⑧본래부터 중생을 거두어 주지 못한 연고이며, ⑨본래부터 다른 이를 권하여 보살의 바라밀다를 닦게 하지 못한 연고이며, ⑩또한 본래부터 생사에서 헤매면서 중생에게 권하여 가장 훌륭한 큰 지혜의 눈을 구하게 하지 못한 연고입니다.[17]

⑪본래부터 온갖 지혜를 내는 모든 착한 뿌리를 닦지 아니한 연고이며, ⑫본래부터 여래의 출세하는 모든 착한 뿌리를 성취하지 못한 연고이며, ⑬본래부터 부처님 세계를 장엄하는 신통과 지혜를 얻지 못한 연고이며, ⑭본래부터 모든 보살의 눈으로 아는 경계를 얻지 못한 연고이며, ⑮본래부터 세간을 벗어나는 함께하지 않는 보리의 모든 착한 뿌리를 구하지 아니한 연고이며[本不求超出世間不共菩提諸善根故], ⑯본래부터 모든 보살의 큰 서원을 내지 아니한 연고이며, ⑰본래부터 여래의 가피로부터 나지 아니한 연고이며, ⑱본래부터 모든 법이 환상과 같음을 알지 못한 연고이며[本不知諸法如幻], ⑲보살이 꿈같음을 알지 못한 연고이며[菩薩如夢故], ⑳본래부터 여러 큰 보살의 광대한 환희를 얻지 못한 연고입니다. 이와 같은 것이 다 보현보살의 지혜 눈의 경계로서 모든 이승二乘과 함께하지 않는 것입니다.[18]

이러한 인연으로 여러 큰 성문들이 ①능히 보지도 못하고, ②능히 알지도 못하고, ③능히 듣지도 못하고, ④능히 들어가지도 못하고, ⑤능히 얻지도 못하고, ⑥능히 기억하지도 못하고, ⑦능히 관찰하지도 못하고, ⑧능히 요량하지도 못하고, ⑨능히 생각하지도 못하고, ⑩능히 분별하지도 못하였습니다. 그래서 비록 서다림에 있으면서도 여래의 여러 가지 큰 신통변화를 보지 못하였습니다.[19] (중략)

---

17) 신통 변화를 볼 수 없게 된 과거의 인연을 밝히다.[明缺宿因]
18) 수승함을 들어 하열함을 밝히다.[擧勝揀劣]
19) 보고 듣지 못하는 이유를 결론짓다.[結不見聞]

불자여, 마치 항하강의 언덕에 백 천억 한량없는 아귀가 있으니, 맨몸뚱이에 굶주리고 목마르고 온몸에 불이 타며, 까마귀와 독수리와 승냥이와 이리들이 다투어 와서 할퀴며, 기갈에 시달리어 물을 먹으려 할 때 비록 강가에 있으면서도 물을 보지 못하고 설사 물을 보더라도 물이 다 말랐으니, 무슨 까닭인가 하면 이는 깊고 두터운 업장이 덮인 탓입니다.[20]

저 큰 성문들도 또한 그와 같아서 비록 서다림에 있으면서도 여래의 광대한 신통의 힘을 보지 못하고, 일체 지혜를 버리었으니 무명의 어두운 막이 눈을 덮은 탓이며, 일찍이 일체 지혜의 모든 착한 뿌리를 심지 못한 탓입니다. 과거에 자재한 착한 뿌리를 본래 익히지 않았고, 현재에도 지혜의 눈이 없고, 중생을 버리고 자기의 일에만 머무르기 때문에 그 그릇이 아닌 탓이었습니다[非其器故]. (중략)

비유하면 마치 설산에는 여러 가지 약초가 많이 있어도[具衆藥草], 의사가 거기 가면 모두 잘 알지만, 모든 사냥꾼이나 목동들은 그 산에 항상 있더라도[恒住彼山], 약초를 보지 못하는 것과 같습니다[不見其藥].

모든 큰 제자들은 오직 자기 이익만 구하고[唯求自利], 다른 이는 이익케 하려 하지 않으며[不欲利他], 오직 자기만 편안하려 하고[唯求自安], 다른 이는 편안케 하려 하지 않기 때문입니다[不欲安他]. 비록 서다림 속에 있으면서도[雖在林中], 알지도 못하고 보지도 못합니다[不知不見]. (중략)

---

20) 신통 변화를 볼 수 없게 된 현재의 인연을 열 가지 비유로 밝히는 것 중에 일부이다.

영 생 제 지 옥
**寧生諸地獄**하야　　　차라리 모든 지옥에 태어나서

일 일 무 수 겁
**一一無數劫**이언정　　　낱낱이 수없는 겁을 지낼지언정

종 불 원 리 불
**終不遠離佛**하고　　　마침내 부처님을 멀리 여의고

이 구 출 악 취
**而求出惡趣**로다　　　악도에서 벗어나기를 구하지 않으리라

## 8. 보현보살이 찬탄하다

[經文]　그때 보현보살마하살은 부처님의 신력을 보는 이들은 다 비로자나 여래께서 지난 옛적에 착한 뿌리로 거두어 주신 것임을 설하였습니다.

일 일 모 공 중
**一一毛孔中**　　　낱낱의 털구멍 가운데

미 진 수 찰 해
**微塵數刹海**에　　　미진수의 세계 바다가 있어

실 유 여 래 좌
**悉有如來坐**하사　　　모두 부처님들이 앉으셨는데

개 구 보 살 중
**皆具菩薩衆**이로다　　　모든 보살대중이 모이었도다 (중략)

## 9. 세존이 미간에서 보조삼세법계문 광명을 놓다

[經文]  그리고 이때 세존께서 모든 보살을 여래의 사자 기운 뻗는 광대한 삼매[師子頻申三昧]에 들게 하려고 미간의 흰 털[眉間白毫]로부터 큰 광명을 놓으니, 광명의 이름은 보조삼세법계문普照三世法界門이었습니다.

## 10. 문수보살이 찬탄하다

[經文]  서다림 대중이 광명에 나타난 경계를 보았고, 문수보살은 서다림의 일을 게송으로 찬탄하였습니다. (중략)

여 응 관 차 서 다 림
**汝應觀此逝多林**하라      그대들은 보시오, 이 서다림을

이 불 위 신 광 무 제
**以佛威神廣無際**하며      부처님의 위신력으로 끝없이 넓고

일 체 장 엄 개 시 현
**一切莊嚴皆示現**하야      온갖 가지 장엄을 다 나타내어

시 방 법 계 실 충 만
**十方法界悉充滿**이로다      시방의 온 법계에 가득 찼도다 (후략)

근본법회 끝

住福城莊嚴幢　娑羅林　大塔廟處　參訪三比丘　勝樂德雲　海門海雲　楞伽善住

대방광불화엄경 제62권 입법계품 지말법회枝末法會 변상도變相圖 (봉녕사 대적광전 벽화)

參訪達里鼻茶國　自在城彌迦長者　住林城解脫長者　摩利伽羅國海幢比丘

대방광불화엄경 제63권 입법계품 지말법회枝末法會 변상도變相圖 (봉녕사 대적광전 벽화)

## Ⅱ. **지말법회**枝末法會 **보살회**菩薩會

## 1. 문수보살이 남쪽으로 떠나다[文殊南行]

[經文] 그때 문수사리동자가[21] 선주누각善住樓閣으로부터 나와서 함께 수행하는 보살과 견고한 서원으로 항상 시중드는 신중神衆들과 중생을 수호하는 천룡팔부중과 부처님을 찬탄하는 큰천왕들과 부처님을 존중하는 대범천왕과 함께 하였습니다. 이러한 공덕으로 장엄한 대중과 더불어 자기가 있던 데서 떠나 부처님 계신 곳으로 와서 오른쪽으로 한량없이 돌고 모든 공양거리로 공양하였습니다. 공양하기를 마친 후 하직하고 떠나 남쪽으로 인간 세상을 향하였습니다.

## 2. 대승법으로 비구들을 제도하다[攝比丘會]

[經文] 그때 사리불 존자가 생각하기를 '나도 문수사리와 더불어 남쪽으로 함께 가리라.' 하고 해각海覺스님을 비롯한 6천 명의 비구스님들과 함께 부처님 계신 곳으로 와서 발에 절하고 허락을 받고 오른쪽으로 세 번 돌고 하직하고 물러나 문수사리에게로 갔습니다. 문수사리보살이 비구들에게 열 가지 대승에 나아가는 법을 설하여 발심하게 하였습니다.

이 신통을 얻었으므로 문수사리의 발밑을 떠나지 않고서[不離文殊師利足下], 널리 시방의 일체 부처님 계신 데서[普於十方一切佛所], 그 몸을 다 나타내어 일체 부처님 법을 구족하게 성취하였습니다.

---

21) 문수사리동자는 문수사리보살을 말한다. 동자(童子)는 보살의 순수성을 나타내는 뜻이 있다.

---

## 3. 사라림에서 근기에 맞추어 제도하다[攝諸乘人會]

[經文]  점점 남방으로 가면서 인간세상을 지나다가 복성福城의 동쪽에 이르러 장엄당사라림莊嚴幢娑羅林에 머물렀습니다. 이곳은 옛적에 모든 부처님들이 계시면서 중생을 교화하시던 큰 탑이 있는 곳이며, 또한 세존께서도 과거에 보살의 행을 닦으시며, 한량없이 버리기 어려운 것을 능히 버리시던 곳이었습니다. 그곳에서 법계보조경法界普照經을 말씀하여 1만의 용들이 아뇩다라삼먁삼보리에서 물러나지 않게 되었고, 또 한량없고 수없는 중생들이 삼승三乘 가운데서 제각기 조복함을 얻게 되었습니다.

## 4. 복성福城 선남선녀를 제도하다[攝善財會]

[經文]  이때에 복성福城의 사람들은 문수사리동자가 장엄당 사라숲 속 큰 탑이 있는 곳에 왔다는 말을 듣고, 한량없는 대중들이 복성에서 나와 그곳에 이르렀습니다.

그때에 우바새가 있으니 이름이 대지大智였습니다. 5백 우바새 권속과 함께 있었으니, 이른바 수달다須達多우바새와, 바수달다婆須達多우바새와, 복덕광福德光우바새와, 유명칭有名稱우바새와, 시명칭施名稱우바새와, 월덕月德우바새와, 선혜善慧우바새와, 대혜大慧우바새와, 현호賢護우바새와, 현승賢勝우바새였습니다. (중략)

다시 또 5백 우바이가 있으니 이른바 대혜大慧우바이와, 선광善光우바이와, 묘신妙身우바이와, 가락신可樂身우바이와, 현현賢우바이와, 현덕賢德우바이와, 현광賢光우바이와, 당광幢光우바이와, 덕광德光우바이와, 선목善目우바이였습니다. (중략)

다시 또 5백 동자가 있으니 이른바 선재善財동자와, 선행善行동자와, 선계善戒동자와, 선위의善威儀동자와, 선용맹善勇猛동자와, 선사善思동자와, 선혜善慧동자와, 선각善覺동자와, 선안善眼동자와, 선비善臂동자와 선광善光동자였습니다. (중략)

　　다시 또 5백 동녀가 있으니 이른바 선현善賢동녀와, 대지大智거사의 딸 동녀와, 현칭賢稱동녀와, 미안美顔동녀와, 견혜堅慧동녀와, 현덕賢德동녀와, 유덕有德동녀와, 범수梵授동녀와, 덕광德光동녀와, 선광善光동녀였습니다. 이와 같은 등 대중이 문수사리동자 있는 데 와서 발에 엎드려 절하고 오른쪽으로 세 번 돌고 한 곁에 물러가 앉았습니다.

## 5. 모든 대중을 살피다[總調大衆]

[經文]　그때에 문수사리동자는 복성 사람들이 다 와서 모인 줄을 알고는 그들이 좋아하는 마음을 따라 자유자재한 몸을 나타내었으니, 위광이 혁혁하여 모든 다른 대중들을 가렸습니다. 자재하고 크게 인자함으로 그들을 청량하게 하였으며, 자재하게 가엾이 여김으로 법을 설할 마음을 일으켰으며, 자재한 지혜로 그 마음에 즐거함을 알고 광대한 변재로 법을 설하려 하였습니다.

## 6. 선재동자의 인연을 말하다[別觀善財]

[經文]　다시 또 이때에 선재가 무슨 인연으로 그런 이름을 지었는가를 살펴보니, 이 동자가 처음 태胎에 들 적에 그 집안에 저절로 칠보로 된 누각이 생기고, 누각 밑에는 일곱 개의 창고가 있으며, 그 창고 위에는 땅이 저절로 갈라져서 칠보의 싹이 났으니 금, 은, 유리, 파려, 진주, 자거, 마노였습니다. (중략)

　　선재동자가 태에 있은 지 열 달 만에 탄생하니, 몸과 팔다리가 단정하였고, 일곱 개의 큰 창고가 가로와 세로와 높이가 7척씩 되는 것이 땅에서 솟아오르니 광명이 찬란하였습니다.

또 집안에는 저절로 5백 개의 보배 그릇이 있어 가지가지 물건이 가득하였으니, 금강 그릇에는 모든 향이 담기었고, 향 그릇에는 가지가지 옷이 담기었고, 아름다운 옥 그릇에는 가지가지 맛 좋은 음식이 가득 담기었습니다. 또 여러 가지 보배와 모든 재물이 비처럼 내려 온갖 창고에 충만하였습니다. 그러므로 부모와 친척과 관상하는 이들이 다 같이 이 아이의 이름을 선재善財라고 부른 줄을 알았습니다.

## 7. 선재동자가 남쪽으로 떠나다[善財南行]

[經文]  그때 문수사리보살이 선재동자를 위하여 보현의 행行을 게송으로 말하고, 다시 선재동자에게 말하였습니다.

"그대가 이미 아뇩다라삼먁삼보리심을 내고 보살의 행을 구하는구나. 착하다, 선남자여. 아뇩다라삼먁삼보리심을 내는 것이 매우 어려운 일이거니와 마음을 내고 또 보살의 행을 구하는 것은 더욱 어려운 일이니라.

온갖 지혜의 지혜를 성취하려거든, 반드시 선지식을 찾아야 하느니라. 선지식을 찾는 일에 고달프고 게으른 생각을 내지 말고, 선지식을 보고 싫어하는 마음을 내지 말고, 선지식의 가르치는 말씀은 그대로 순종하고, 선지식의 교묘한 방편에 허물을 보지 마라. 여기서 남쪽으로 가면 승락勝樂이라는 나라가 있고 그 나라에 묘봉妙峯이란 산이 있고, 그 산중에 비구가 있으니 이름은 덕운德雲이라 하느니라. 그대는 그이에게 가서 보살이 어떻게 보살의 행을 배우며, 보살이 어떻게 보살의 행을 닦으며, 내지 보살이 어떻게 보현의 행을 빨리 원만케 하느냐고 여쭈어 보면 그 덕운 비구는 자세히 말씀하여 주리라."

[해설]  근본법회에서 깨달음을 성취하지 못한 대중을 위해 문수보살이 서다림에서 사라림으로 가는 것을 출림입림出林入林이라 한다.

(0) 문수보살文殊菩薩 十信 根本智

詣裟羅林中 參文殊師利菩薩; 象王顧盼 師子頻申 六千比丘言下成道 五衆益友頓啟初心;
得根本智指南法門 證十信心.

근본지의 천진면목을 통달하다 [文殊達天眞]

## 1) 단계에 의지하여 수행하다[寄位修行相]

## (0) 문수보살文殊菩薩, Mañju-śrī

[해설]   처음에 문수보살은 초발심 수행자가 신심이 하열하므로 근본지를 의지해서 발심하게 한다. 문수보살이 선재동자Sudhana에게 가리켜 주는 남쪽은 양명陽明한 곳으로 따뜻한 자비와 밝은 지혜를 뜻하며, 선지식을 찾아 남쪽으로 순례하므로 선재동자를 남순동자南巡童子라고도 한다.

선재동자의 53선지식 참방을 대략 다섯 가지로 분류한다. ①기위수행상寄位修行相[22]은 단계에 의지하여 수행하는 모습으로 다양한 처지에 알맞게 각자의 수준만큼 진리를 이해할 수 있게 교화하는 방편이다. 육근六根의 차별을 의지하여 육진六塵의 차별이 생기는데 그것을 생멸인연이라고 한다. 제각기 다른 모습의 남녀노소男女老少, 빈부귀천貧富貴賤, 진속내외眞俗內外의 수행인연을 따라서 십신十信, 십주十住, 십행十行, 십회향十廻向, 십지十地 수행을 의지하여 단계적으로 점차 수행하는 것을 기위수행상이라고 한다. ②인연을 회통하여 실상에 들어가는 등각等覺선지식의 가르침을 회연입실상會緣入實相[23]이라고 하며, ③일생보처로서 온전한 여래종자를 잉태한 미륵보살의 가르침을 섭덕성인상攝德成因相[24]이라고 하며, ④능소能所가 아주 끊어진 문수보살의 가르침을 지조무이상智照無二相[25]이라고 하며, ⑤비로소 성불의 광대한 인因을 감당할 수 있는 보현보살의 가르침을 현인광대상顯因廣大相[26]이라고 한다. 이상 다섯 가지는 보살의 오종행상五種行相이라고 하며, ①고행高行 ②대행大行 ③승행勝行 ④심행深行 ⑤광행廣行이다.

22) 기위수행상(寄位修行相) : 寄四十一人, 依人求解, 顯修行故.
23) 회연입실상(會緣入實相) : 會前諸位差別之緣, 令歸一實法界, 生於佛果故.
24) 섭덕성인상(攝德成因相) : 定堪成佛. 故辨一生補處, 成證入之因故.
25) 지조무이상(智照無二相) : 唯一圓智, 體無分別. 絕境智等諸二相故.
26) 현인광대상(顯因廣大相) : 以前照理無二, 顯其甚深, 方堪成佛廣大之因. 以隨——因, 皆稱法性故.
　　　　　文殊般若, 即攝相歸體. 普賢法界, 即祕密重重.

# 寄 十 住 位

| 參 | 本 | 善知識 | 處所 | 法門 |
|---|---|---|---|---|
| | 60 | 功德雲比丘 | 可樂國和合山 | 普門光明觀察正念諸佛三昧 |
| 1 | 80 | 德雲比丘 | 勝樂國妙峰山 | 憶念一切諸佛境界智慧光明普見法門 |
| | 40 | 吉祥雲比丘 | 勝樂國妙峰山 | 憶念一切諸佛境界智慧光明普見法門 |
| | 60 | 海雲比丘 | 海門國 | 從佛聞普眼經 |
| 2 | 80 | 海雲比丘 | 海門國 | 諸佛菩薩行光明普眼法門 |
| | 40 | 海雲比丘 | 海門國 | 諸佛菩薩行光明普眼法門 |
| | 60 | 善住比丘 | 海岸聚落 | 菩薩無礙法門 |
| 3 | 80 | 善住比丘 | 楞伽道邊海岸聚落 | 普速疾供養諸佛成就衆生無礙解脫法門 |
| | 40 | 妙住比丘 | 楞伽道邊海岸聚落 | 菩薩普遍速疾勇猛不空供養諸佛成熟衆生解脫法門 |
| | 60 | 彌伽良醫 | 自在國呪藥城 | 菩薩所言不虛法門 |
| 4 | 80 | 彌伽長者 | 達里鼻荼國自在城 | 菩薩妙音陀羅尼光明法門 |
| | 40 | 彌伽大士 | 達邏比吒國金剛層城 | 妙音陀羅尼光明法門 |
| | 60 | 解脫長者 | 住林聚落 | 如來無礙莊嚴法門 |
| 5 | 80 | 解脫長者 | 住林城 | 如來無礙莊嚴解脫法門 |
| | 40 | 解脫長者 | 住林聚落 | 如來甚深無礙莊嚴解脫法門 |

# 寄 十 住 位

| 參 | 本 | 善 知 識 | 處 所 | 法 門 |
|---|---|---|---|---|
| 6 | 60 | 海幢比丘 | 莊嚴閻浮提頂 | 普眼捨得三昧 |
| | 80 | 海幢比丘 | 閻浮提畔摩利伽羅國 | 般若波羅蜜三昧光明 |
| | 40 | 海幢比丘 | 閻浮提畔遍無垢聚落 | 般若波羅蜜淸淨光明三昧法門 |
| 7 | 60 | 休捨優婆夷 | 海潮處普莊嚴園林 | 離憂安隱幢法門 |
| | 80 | 休捨優婆夷 | 海潮處普莊嚴園 | 離憂安隱幢解脫法門 |
| | 40 | 伊舍那夫人 | 海潮處普莊嚴園 | 離憂安隱幢解脫法門 |
| 8 | 60 | 毘目多羅仙人 | 海潮處 | 菩薩無壞幢智慧法門 |
| | 80 | 毘目瞿沙仙人 | 那羅素國 | 菩薩無勝幢解脫門 |
| | 40 | 大威猛聲仙人 | 那羅素國 | 菩薩無勝幢解脫門 |
| 9 | 60 | 方便命婆羅門 | 進求國 | 菩薩無盡法門 |
| | 80 | 勝熱婆羅門 | 伊沙那聚落 | 菩薩無盡輪解脫 |
| | 40 | 勝熱婆羅門 | 伊沙那聚落阿野恒那住處 | 菩薩普無圓滿盡輪解脫 |
| 10 | 60 | 彌多羅尼童女 | 師子奮迅城 | 般若波羅蜜普莊嚴法門 |
| | 80 | 慈行童女 | 師子奮迅城 | 般若波羅蜜普莊嚴法門 |
| | 40 | 慈行童女 | 師子頻申城 | 般若波羅蜜普莊嚴法門 |

※ 60권본, 80권본, 40권본 화엄경 선지식 이름과 장소가 서로 다른 것은 붉은색으로 표기

- 칠언율시七言律詩는 기起, 승承, 전轉, 결結의 4연聯 8구句로 구성된다.
- 수련首聯(1,2句), 함련頷聯(3,4句), 경련頸聯(5,6句), 미련尾聯(7,8句)이다.
- 함련[承]의 3句와 4句, 경련[轉]의 5句와 6句는 반드시 댓구對句가 되어야 한다.
- 1句, 2句, 4句, 6句, 8句의 마지막 일곱 번째 자字는 정해진 운자韻字이다.
- 수련[起]의 두 번째 字가 平聲이면 平起式이며, 上, 去, 入聲이면 仄起式이다.
- 낮은 平聲은 파란색, 높은 仄聲은 빨간색, 운자는 초록색 글자로 표기하였다.

## 寄十信位

| 參 | 善知識 | 佛國禪師 讚 | | 韻 | | |
|---|---|---|---|---|---|---|
| 0 | 裟羅林中<br>文殊師利菩薩 | 出林還又入林中<br>師子吼時芳草綠<br>六千乞士十心滿<br>珍重吾師向南去 | 便是裟羅佛廟東<br>象王回處落花紅<br>五衆高人一信通<br>百城煙水渺無窮 | 中 | 東<br>紅<br>通<br>窮 | 東<br>平<br>起<br>式 |

珍重吾師向南去　①重 무겁다(去, 宋), ②重 거듭(平, 冬)

## 寄十住位

| 參 | 善知識 | 佛國禪師 讚 | | 韻 | | |
|---|---|---|---|---|---|---|
| 1 | 妙峯山<br>德雲比丘 | 德雲長在妙高峯<br>七日既云尋未見<br>發心住處師緣合<br>回首夕陽坡下望 | 行遶峯頭不定蹤<br>一朝何故却相逢<br>普見門中佛境容<br>白雲青嶂萬千重 | 峯 | 蹤<br>逢<br>容<br>重 | 冬<br>平<br>起<br>式 |
| 2 | 海門國<br>海雲比丘 | 一入多門又到門<br>十年觀海深深趣<br>白浪涌花成異瑞<br>須彌聚筆休云寫 | 分明普眼照乾坤<br>千載聞經品品存<br>紅蓮現佛獨稱尊<br>萬頃滄波欲斷魂 | 門 | 坤<br>存<br>尊<br>魂 | 元<br>仄<br>起<br>式 |
| 3 | 楞伽道傍<br>善住比丘 | 迢迢一到海楞伽<br>念念遍遊諸佛剎<br>手摩日月三輪外<br>若也更求生貴樂 | 遙望空中事可佳<br>紛紛艷曳落天花<br>身出煙雲四面遮<br>禹門洪浪跳金蝸 | 伽 | 佳<br>花<br>遮<br>蝸 | 歌<br>平<br>起<br>式 |

一朝何故却相逢　① 相 서로(平, 陽), ② 相 볼(去, 漾)

# 寄 十 住 位

| 參 | 善知識 | 佛國禪師　讚 | | 韻 | | |
|---|---|---|---|---|---|---|
| 4 | 達里茶國<br>彌加長者 | 檀末金花香寶珍<br>騰騰光照三千界<br>欝密林巒處虎豹<br>妙音唱出陀羅語 | 繽紛散後現威神<br>落落言分萬字輪<br>深沈淵澤聚龍麟<br>辨盡胡人與漢人 | 珍 | 神<br>輪<br>麟<br>人 | 眞<br>仄<br>起<br>式 |
| 5 | 住林城<br>解脫長者 | 十二年中到住林<br>有時要見十方佛<br>不去不來如焰影<br>莊嚴門啟誰人到 | 住林深處訪知音<br>無事閑觀一片心<br>緣生緣滅過光陰<br>幽徑落華流水深 | 林 | 音<br>心<br>陰<br>深 | 侵<br>仄<br>起<br>式 |
| 6 | 摩利伽羅國<br>海幢比丘 | 光陰已過半身間<br>身上出生十四類<br>一心觀察無休息<br>摩利伽天好春色 | 終日冥然靜若山<br>毫中涌現百千般<br>六月思惟不等閒<br>柳鶯梁燕語綿蠻 | 間 | 山<br>般<br>閒<br>蠻 | 刪<br>平<br>起<br>式 |
| 7 | 海潮處園林<br>休捨優婆夷 | 寶樹園林間寶牆<br>千層堂閣穹崇麗<br>究竟願門周法界<br>河沙諸佛曾承事 | 金光明網布金床<br>萬派陂池汗漫香<br>菩提心廣遍塵方<br>安隱幢高是歇場 | 牆 | 床<br>香<br>方<br>場 | 陽<br>仄<br>起<br>式 |
| 8 | 那羅素國<br>毘目瞿沙仙人 | 毘目仙人下寶床<br>十方佛境同時現<br>無勝妙幢騰瑞色<br>卻還本座求端的 | 摩頭執手看殊祥<br>萬象星羅忽頓彰<br>遮那文藏顯靈光<br>轉覺平生見處長 | 床 | 祥<br>彰<br>光<br>長 | 陽<br>仄<br>起<br>式 |
| 9 | 伊沙聚落<br>勝熱婆羅門 | 求師擇友古今難<br>若使全身投火聚<br>六天讚後方知妙<br>無盡輪中王子住 | 邪正誰分萬慮間<br>先須努力上刀山<br>五熱熏時豈等閒<br>玉樓金殿鎖塵寰 | 難 | 間<br>山<br>閒<br>寰 | 刪<br>平<br>起<br>式 |
| 10 | 師子奮迅城<br>慈行童女 | 控鶴乘雲入帝鄉<br>狻猊城裏音容秀<br>一一器中含佛刹<br>千門萬戶今朝啟 | 漸觀真境漸難量<br>龍勝床高雅韻長<br>重重影內現神光<br>成朵波羅花滿堂 | 鄉 | 量<br>長<br>光<br>堂 | 陽<br>仄<br>起<br>式 |

寶樹園林間寶牆　邪正誰分萬慮間　①間 섞이다(去, 諫), ②間 사이(平, 刪)

(1) 덕운비구德雲比丘　十住 제1 初發心住

詣勝樂國 妙峯山 參德雲比丘; 四維尋覓七日 方見在別峯上 徐步經行 頂禮問法 入佛境界;
得憶念諸佛普見法門 證發心住.

　　　　　　　　다른 산봉우리에서 상봉하다 [入念佛境界 發心畢竟二不別]

# (1) 덕운비구德雲比丘, Meghaśrī-bhikṣu

## 염불문을 의지하여 지혜로써 일체 법을 꿰뚫다

[해설]　선재동자는 처음 승락국勝樂國 묘봉산妙峰山에 이르러 덕운비구德雲比丘를 친견하였다. 사방팔방으로 이레 동안 샅샅이 찾았지만 찾지 못하다가 문득 다른 산봉우리 위에서 덕운비구가 천천히 거니는 모습을 발견하고, 엎드려 예를 올리고 법문을 들은 후 부처님의 경계에 들어갔다. 모든 부처님의 경계를 생각하여 지혜광명으로 두루 보는 억념제불보견법문憶念諸佛普見法門을 얻었으며, 처음으로 신심을 성취한 초발심주初發心住를 증득하였다.

　덕운비구는 제1 초발심주初發心住의 선지식으로 바른 믿음으로부터 선정禪定으로 나아가야 바른 이치를 알게 되어서 진여眞如에 계합할 수 있음을 표한다. 산山은 선정의 바탕[定體]을 뜻하고, 비구는 진여의 바탕[眞體]을 뜻하며, 덕운德雲은 법우法雨를 내리는 출세간의 이행利行을 뜻한다.

　승락勝樂이란 덕운비구가 의지하는 초발심주가 이전에 범부의 신심보다 수승한 즐거움이 있다는 뜻이다. 묘봉산妙峰山이란 두 가지 뜻이 있다. 첫째 고요하여 흔들림이 없는 적정부동寂靜不動이며, 둘째 우뚝 솟아 두루 굽어보는 고출주람高出周覽이다. 발심주發心住에서 선정과 지혜를 얻고 경계에 부동하며[寂靜不動], 높은 견해로 근원을 꿰뚫어 만류를 굽어보는[高出周覽] 것을 산으로써 표하였다. 또한 마음의 꼭대기에 올라 곧 정각을 이루는 까닭으로 묘봉산妙峰山이라고 하였다. 덕운德雲은 구름과 같은 공덕에 비유한 말이다. 그 뜻은 무한히 넓은 선정과 윤택하게 해주는 복덕과 그늘처럼 덮어주는 자비와 법의 비를 내려주는 지혜를 나타낸다.

　문수보살에게 신심信心을 성취하고 속된 범부의 소견을 처음으로 벗어나 발심한 까닭으로 청정한 출가 비구로서 뜻을 표한다.

詣海門國 參海雲比丘; 十二年中 觀海現佛 千二百歲 摩頂說經 憶念受持 聚筆難寫;
得普眼法門 證治地住.

모든 생멸인연법을 통달하다 [普眼法門]

# (2) 해운비구海雲比丘, Sāgara-megha

## 깊은 바다에 가득한 보물의 이치를 잘 성취하다

[해설]  선재동자는 해문국海門國에 이르러서 해운비구海雲比丘를 친견하였다. 해운비구는 12년 동안 바닷가에 거주하며 '이 세상에는 바다보다 더 넓은 것이 있는가. 바다보다 더 한량없는 것이 있는가. 바다보다 더 깊은 것이 있는가. 바다보다 특수한 것이 있는가.'라는 생각을 하며 바다를 관찰하였다. 그때 큰 연꽃에서 부처님이 현신하여 해운비구의 정수리를 만지면서 천이백년을 잊지 못할 보안법문을 설해주시었다. 바닷물로 먹을 삼고 수미산으로 붓을 삼아도 다 쓸 수가 없는 보안법문普眼法門을 얻었으며, 치지주治地住를 증득하였다.

해운비구는 제2 치지주治地住 선지식으로 관지觀智를 표한다. 보안普眼으로 생사生死의 바다를 관하여 광대한 지혜의 바다를 이루어 중생이 정법의 윤택함을 입도록 한다. 해문국海門國은 곧 남해南海 입구이다. 마음바다의 깊고도 넓은 것을 살펴서 심지心地를 다스리는 문門으로 삼는 것을 나타낸다. 큰 바다의 보안법문普眼法門을 성취한 해운비구海雲比丘에게 선재동자는 깊은 바다에 가득한 보물의 이치를 깨닫는 법을 배운다.

맨 앞부분에 세 분의 비구스님을 선지식으로 언급한 이유는 발심한 지 오래되지 않은 사람은 출세간의 비구스님에 의지해야 바람직하기 때문이다. 첫째 덕운비구는 염불念佛로 불보佛寶를, 둘째 해운비구는 문법聞法으로 법보法寶를, 셋째 선주비구는 승수僧修로 승보僧寶를 나타낸다. 불법승 삼보三寶를 의지처로 삼는 것을 표한다.

[經文]  "보리심을 낸다는 것은[發菩提心], 이른바 대비심을 내어서[發大悲心] 일체 중생을 널리 구원하는 연고이며, 대자심을 내어서[發大慈心] 일체 세간을 다 같이 복되게 하는 연고이며, 안락심을 내어서[發安樂心] 일체 중생으로 하여금 모든 괴로움을 없애게 하는 연고입니다."

詣楞伽道傍 參善住比丘; 來往空中 廣現神變 手摩日月 身出煙焰 遍遊佛刹 普散天花;
得普速疾供養諸佛法門 證修行住.

집착 없이 보배섬으로 가다 [來往虛空中]

# (3) 선주비구善住比丘, Su-pratiṣṭhita

## 지혜와 신통으로 무애자재하게 중생을 제도하다

[해설]　선재동자는 제대로 된 길도 없는 능가산楞伽山으로 가는 길가 해안海岸에
이르러서 선주비구善住比丘를 친견하였다. 허공을 오가는 선주비구에게 천룡팔부가
신통 변화로 공양하였고, 선주비구는 손으로 해와 달을 만지었고, 몸으로 안개와
구름을 헤치고 부처님 세계를 두루 다니면서 하늘꽃을 널리 뿌렸다. 무애해탈법문을
성취한 선주비구에게 지혜와 신통으로 무애자재하게 중생을 제도하는 법을 배우며,
모든 부처님께 널리 빠르게 공양하는 보속질공양제불법문普速疾供養諸佛法門을 얻었
으며, 수행주修行住를 증득하였다.

　선주비구는 제3 수행주修行住 선지식으로 이미 삼계三界의 미혹과 습기가 다함을 표
한다. 머무를 바가 없음에 머무르기 때문에 선주善住라고 했다. 몸이 허공에 머무른다
고 한 것은 일체 법이 허공처럼 처소가 없음을 잘 아는 것을 뜻한다.

　능가楞伽는 네 가지 뜻이 있다. 첫째 갖가지 보성寶性으로 이루어져서 장엄이 수승
하고, 둘째 대광명이 있어 해와 달을 무색하게 하며, 셋째 높고 넓으며, 넷째 부처님이
주석하시면서 중생교화의 수승한 불사를 짓는다. 보성寶性이라는 말은 그러한 네 가
지 덕德을 갖추었으므로 무상보無上寶라고 한다. 능가楞伽는 번역하면 난왕難往이다.
이 산은 바다 가운데 있고 사면四面에 문門이 없어서 잘 아는 사람이 안내하지 않으면
가기가 어렵다. 능가산의 선주비구가 뜻하는 바는 지혜의 바다에 들어가려면 사구
四句와 온갖 분별심을 벗어나야만 수행주修行住의 길이 열림을 표한다.

[經文]　"일체 중생이 교화를 받을 만한 때를 따라 모두 나아가는 데 걸림이 없으며,
(중략) 능히 이 몸으로 시방의 모든 세계를 두루 이르는 데 걸림이 없나니[無所障礙],
왜냐하면 머무름도 없고 짓는 일도 없는 신통한 힘을 얻은 연고입니다[得無住無作神通
力故]."

詣達里鼻茶國 自在城 參彌伽長者; 問已作禮 散香花寶 放光照耀 分別字輪 究萬類音 悟總持法; 得妙音陀羅尼法門 證生貴住.

선지식이 선재동자에게 절을 올리다 [踏破毗盧頂上 頂禮三尺足下]

# (4) 미가장자彌伽長者, Megha-dramiḍa

## 온갖 말을 할 줄 아는 묘음다라니를 성취하다

[해설]　선재동자는 달리비다국達里鼻茶國 자재성自在城에 이르러서 미가장자彌伽長者
를 친견하였다. 선재동자에게 "정말 발보리심을 했느냐?"라고 질문을 하니 선재동자
가 "발심을 했습니다."라고 답하자마자 미가장자는 황급히 사자좌에서 내려와 초심
자 선재동자에게 오체투지를 하며 예를 올리고 향과 꽃과 보배를 뿌렸다. 입 속[面門]
에서 여러 가지 광명을 놓아 삼천대천세계를 비추고, 륜자輪字의 장엄법문을 연설하였
다. 만류의 음音을 궁구하는 총지법을 깨닫고 묘음다라니법문妙音陀羅尼法門을 얻었
으며, 생귀주生貴住를 증득하였다.

　미가장자는 제4 생귀주生貴住 선지식으로 병病을 능히 조복시킨다는 뜻이 있다. 생
귀주生貴住는 불법佛法 가문家門에 태어나서 신분이 존귀하기 때문이다. 완전한 진속
眞俗의 두 지혜를 갖추고 사견邪見의 이도異道를 조복시킨다. 미가는 구름[雲]이라는
뜻도 있는데 구름이 비를 머금고 있는 것처럼 법의 비를 품고 있음을 나타낸다. 어느
구름에 비가 묻혀있는지는 모르는 일이다.

　달리비다達里鼻茶는 녹인다는 소융消融과 풍요함을 지닌다는 부요富饒의 뜻이 있
다. 부처님의 넉넉한 가르침으로부터 옹색한 견해를 녹여 없앤다는 말이다. 자재성自
在城에 산다는 말은 삼세三世의 불법佛法을 배워서 잘 알고 원만함을 얻었다는 뜻이다.

　60권본 화엄경에서는 미가장자가 의사로 나오지만, 80권본 화엄경에서는 보안장
자普眼長者가 의사로 등장한다. 미가장자 부분에서 특이한 점은 미가장자가 선지식임
에도 불구하고 오히려 법을 배우러 온 선재동자에게 엎드려 절을 한다. 처음 발심한
수행자를 고귀하게 대하는 선배 선지식의 태도가 감동적이다.

詣達里鼻茶國 住林城 參解脫長者; 一身中現 十方佛刹土 佛無異 國土何殊 不來而來 要見卽見;
得如來無礙莊嚴法門 證具足方便住.

한 몸에서 모든 불국토를 나타내다 [不來而來]

## (5) 해탈장자解脫長者, Vimuktika-śreṣṭhin

# 여래에 대한 신심으로 장엄한 해탈문을 성취하다

[해설] 선재동자는 12년을 다니다가 달리비다국達里鼻茶國 주림성住林城에 이르러서 해탈장자解脫長者를 친견하였다. 한 몸에서 시방의 부처님세계를 나타내었는데 부처님이 다르지 않은데 국토인들 어찌 다를 수가 있으랴. 오는 게 아니지만 분명히 오고, 나타내고자 하면 곧바로 나타내었다. 여래에 대한 신심으로 진속무애眞俗無礙의 여래무애장엄법문如來無礙莊嚴法門을 얻었으며, 구족방편주具足方便住를 증득하였다.

해탈장자는 제5 구족방편주具足方便住 선지식으로 현실적 삶의 이치를 깨달아서 진리에 계합하는 것을 표한다. 진심을 가지고 세속에 살면서 진眞과 속俗에 무애無礙하므로 해탈解脫이라고 한다. 앞에 세 분의 덕운, 해운, 선주비구는 출세간의 지혜를 표하고, 미가장자와 해탈장자는 세속의 선지식으로서 세간의 지혜를 표한다.

주림성住林城은 숲이 여러 가지 유익한 것을 생산해 낸다는 뜻이 있다. 장자長者는 연세가 많고 덕망이 높은 사람을 어른으로 섬기는 것을 표한다. 몸속으로 무변한 부처님의 경계를 나타내고 깊은 선정으로 자재하므로 해탈解脫이라고 하였다. 구족방편주의 해탈장자가 닦는 선근善根은 일체중생을 제도하여 해탈시키고 모두 대열반大涅槃에 들게 하는 것이다. 하늘의 달이 실제로 강물에 떨어진 바가 없기 때문에 모든 강에 동시에 나타날 수 있다.

[經文] "그러므로 선남자여, 응당 착한 법으로 자기의 마음을 붙들어야 하며[扶助自心], (중략) 응당 부처님의 평등으로써 자기의 마음을 광대하게 해야 하며[廣大自心], 응당 부처님의 열 가지 힘으로써 자기의 마음을 비추어 살펴야 할 것[照察自心]입니다."

詣摩利伽羅國 參海幢比丘; 半年觀察三昧 定境現十四類 涌百千相 般若智照 何所不彰;
得普眼捨得法門 證正心住.

삼매 속에서 만류를 나타내다 [定中百千相]

## (6) 해당비구海幢比丘, Sāgara-dhvaja

# 반야바라밀의 청정한 삼매광명 해탈을 성취하다

[해설]  선재동자는 염부제 경계선 마리가라국摩利伽羅國에 이르러서 해당비구海幢比丘를 친견하였다. 선재동자는 반 년 동안 해당비구를 관찰하고 앙모하면서 삼매에서 나오기를 기다렸다. 해당비구는 삼매에 들어 발바닥에서 장자, 거사, 바라문을 나타내는 것을 비롯하여 가슴의 만卍자에서 아수라왕을 나타내며, 정수리에서 여래를 나타내는 등 열 네 부류의 모습을 나타내고, 모공마다 백 천 가지 광명그물의 모습을 샘솟듯이 나타내었다. 반야지혜로 비추는 넓은 안목으로 무엇이든 나타낼 수 있는 평등심을 성취하였다. 반야바라밀의 청정한 삼매광명으로 보안사득법문普眼捨得法門을 얻었으며, 정심주正心住를 증득하였다.

해당비구는 제6 정심주正心住 선지식으로 세간 지혜와 출세간 지혜를 합하여 광대한 바다와 같은 지혜로 중생의 일체 미혹한 업業을 없앤다. 온몸에서 방광하며 갖가지 형상을 나타내는 것은 반야바라밀을 체득하여 여러 현상의 본질이 본래 없는 것을 통달하였음을 표한다. 주객主客에 집착이 없고 사정邪正에 분별이 없으므로 칭찬과 비방을 들어도 고락苦樂에 흔들림이 없어 정심주正心住라고 한다. 마리가라摩利伽羅는 장엄莊嚴이라는 뜻이다. 장엄한다는 것은 지극한 존경의 예의禮儀를 갖추는 것이다. 불공佛供을 올릴 때 종을 치고, 북을 울리고, 요령과 목탁으로 여법한 의식儀式을 거룩하게 집전하는 것이 모두 장엄이다. 또한 사찰의 전각殿閣을 단청丹靑할 때 바탕에 칠하는 녹양색綠楊色은 푸른 솔잎 같은 변함없는 신심信心을 의미하며, 기둥에 칠하는 고동색古銅色은 소나무의 큰 줄기 같은 든든한 선근善根을 상징하는 장엄이다.

從胸前卍字中  出無數百千億阿修羅王  皆悉示現不可思議自在幻力
令百世界  皆大震動  一切海水  自然涌沸

(해인사 고려대장경판 『大方廣佛華嚴經』 「入法界品」 제63권)

詣海潮處 普莊嚴園 參休捨優婆夷; 堂閣莊嚴 陂池間錯 智悲同運 生死雙摧 啓菩提心 悟究竟願;
得離憂安隱幢法門 證不退住.

**생사의 바다를 장엄한 정원으로 삼다 [智悲同運]**

# (7) 휴사우바이休捨優婆夷, Āśā

## 온 세상 중생의 근심을 다 없애기를 서원하다

[해설]  선재동자는 해조처海潮處 보장엄원普莊嚴園에 이르러서 휴사우바이休捨優婆夷
를 친견하였다. 찬란한 백만 개의 누각으로 장엄되었고 향기로운 연못에는 금모래와
칠보가 깔렸으니, 그것은 지혜와 자비를 함께 써서 생사를 벗어났다는 의미이다. 보리
심을 내고 원대한 원력을 깨달아서 모든 중생의 근심을 다 없애는 편안함이 지극한 이
우안은당법문離憂安隱幢法門을 얻었으며, 불퇴주不退住를 증득하였다.

   휴사우바이는 제7 불퇴주不退住 선지식으로 휴사休捨는 소원을 성취시켜준다는 만
원滿願의 뜻이다. 몸소 저잣거리로 들어가는 자비를 실천하여 스스로 본원本願을 원만
하게 하며 중생을 두루 교화한다. 아만심이 가벼워지면 분별심이 점점 사라지고 방편
심이 늘어난다.

[經文]  "불자여, 이 보살이 이와 같은 삼매와 지혜의 힘을 얻고는 큰 방편으로 생사
를 나타내지마는 항상 열반에 머무르며[恒住涅槃], 권속들이 둘러앉았지마는 항상 멀
리 여의기를 좋아하며[常樂遠離], 원력으로써 삼계에 태어나지마는 세상 법에 물들지 아
니하며, 항상 적멸하지마는 방편의 힘으로 도리어 치성하여 불사르지마는 타지 아니
하며[雖然不燒], 부처님의 지혜를 따르지마는 성문이나 벽지불의 지위에 들어가는 것을
보이며, 부처님 경계의 창고[佛境界藏]를 얻었지마는 마군의 경계에 머무는 것을 보이
며, 마군의 도를 초월했지마는 마군의 법을 버젓이 행하며[現行魔法], 외도의 행과 같이
하지마는 부처님의 법을 버리지 아니하며[不捨佛法], 일부러 모든 세간을 따르지마는
일체 출세간법을 항상 행하느니라." 『華嚴經』「十地品 遠行地」

詣那羅素國 參毘目瞿沙仙人; 無量仙人 同音讚已 下林執手 佛刹現前 悟眞淨智 卷舒自在;
得無勝幢法門 證童眞住.

천진난만한 지혜를 구족하다 [卷舒自在]

# (8) 비목구사선인毘目瞿沙仙人, Bhīṣmottara-nirghoṣa

## 수미산 같은 뜻으로 남들의 기댈 땅이 되다

[해설]   선재동자는 나라소국那羅素國에 이르러서 비목구사선인毘目瞿沙仙人을 친견하였다. 수많은 선인仙人들이 선재동자에게 향과 꽃을 뿌리며 입을 모아 찬탄하였고, 큰 숲에 내려와서는 비목구사선인이 오른손을 펴서 선재동자의 정수리를 만진 후, 손을 맞잡고 시방으로 부처님의 세계를 눈앞에 보여주니, 참으로 깨끗한 지혜를 깨달은 것이다. 거두고 펼침이 자재한 언변으로 외도 조복을 성취한 비목구사선인毘目瞿沙仙人에게 수미산 같은 뜻으로 남들의 기댈 땅이 되는 법을 배우고, 이길 수 없이 높은 무승당해탈법문無勝幢解脫法門을 얻었으며, 동진주童眞住를 증득하였다.

비목구사선인은 제8 동진주童眞住 선지식으로 진속眞俗에 막힘이 없고, 무공용지無功用地의 밝음과 무애자재한 언변으로 삿된 외도를 잘 조복 받는다. 비목구사毘目瞿沙는 번역하면 출성가외出聲可畏이며, 나라소那羅素는 부지런하다는 뜻이다. 항상 두려움을 없애는 소리를 내어 남을 편안하게 하며, 천진난만하고 청결하여 빈틈이 없으므로 신선으로 표한다.

거문고가 음音을 가지고 있어도 명인名人의 손길을 만나지 못하면 명곡을 연주할 수 없듯[琴音雖備 非指不發], 마음이 부처님과 같다고 할지라도 선지식을 만나지 못하면 깨달을 수 없다[人心雖圓 非師不悟]. 어느 정도 팽팽하고 느슨한 것을 조율할 줄 알면 억지로 청하지 않아도 지음知音이 저절로 찾아온다. 새소리를 들으면서 소리와 듣는 마음이 없는 줄 알게 되고, 꽃을 보면서 꽃과 보는 마음이 없는 줄 알게 된다면 바쁜 일이 점점 얇아진다.

詣伊沙那村 參勝熱婆羅門; 五熱炙身 心生疑惑 諸天共讚 頓悔自愆 直上刀山 投身火聚;
得無盡輪法門 證王子住.

곤은 마음으로 불속에 몸을 던지다 [投身火聚]

# (9) 승열바라문勝熱婆羅門, Jayoṣmāya

## 공덕의 불길로 중생의 잡된 고뇌를 소멸하다

[해설] 선재동자는 이사나촌伊沙那村 화취산火聚山에 이르러서 승열바라문勝熱婆羅門을 친견하였다. 오열五熱로 몸을 굽는지라[炙] 마음에 의혹을 내었지만 제천諸天이 공동으로 찬탄하므로 선재동자는 문득 자기의 허물을 뉘우쳤다. 도산刀山으로 직상直上하여 불더미에 투신하고, 공덕의 불길로 중생의 잡된 고뇌를 소멸하고 원만히 사는 선주삼매善住三昧를 성취하여 무진륜법문無盡輪法門을 얻었으며, 왕자주王子住를 증득하였다.

승열바라문은 제9 법왕자주法王子住 선지식으로 법자재法自在를 증득했음을 표하며, 바라문과 같은 모습을 나타내어 모든 사도邪途의 번뇌를 녹이므로 승열勝熱이라고 한다. 이사나伊沙那는 번역하면 장직長直이다. 과거와 현재와 미래의 긴 시간을 잘아는 까닭으로 장長이라고 하며, 수승한 뜻을 바르게 잘 아는 까닭으로 직直이라고한다.

(25)바수밀다녀는 탐욕으로 불사佛事를 짓는 분이라 하며, (17)무염족왕은 진에瞋恚로 불사를 짓는 분이라 하고, (9)승열바라문은 사견邪見으로 불사를 짓는 분이라한다. 제바달다도 불가사의하여 여래와 같다고 하며, 육군六群 비구들도 실제 폐악弊惡이 아니고, 행한 법이 모두 부처님의 행과 동등하다고 한다.

원효스님이 말씀하기를 '이치 없는 것이 지극한 이치이며[無理之至理], 그러하지 않은것이 정말 그러한 것이다[不然之大然].'라고 하였다. 또 말씀하기를 '뜻을 깨달은 사람은 말하는 바가 모두 옳으며[得意則所說皆是], 뜻을 모르는 사람은 말하는 바가 모두옳지 않다[失意則所說皆非].'라고 하였다.

비도역행非道逆行의 뜻을 아는 것은 정말 쉽지 않다. 미끄러져 넘어져도 땅이요, 딛고 일어서도 땅이다. 꿈을 꿀 때에는 길몽이든 악몽이든 밤새도록 천지사방 쏘다니는일이 실제처럼 느껴지지만 막상 꿈을 깨고 보면 한 발짝도 움직인 바 없는 침상 위의꿈일 뿐이다.

詣師子奮迅城 參慈行童女; 師子宮殿 龍勝天衣 一一器中 佛佛影現 能證諸行 所了境智;
得般若波羅蜜多法門 證灌頂住.

왕궁의 문을 출입함에 제한이 없다 [王宮出入無制限]

## (10) 자행동녀慈行童女, Maītrāyaṇī

# 반야바라밀로 보문다라니문을 환하게 성취하다

[해설]  선재동자는 사자분신성師子奮迅城에 이르러서 자행동녀慈行童女를 친견하였다. 자행동녀는 사자당왕의 딸로서 5백 동녀를 시종侍從으로 삼고 사자분신성師子奮迅城의 비로자나장毘盧遮那藏 궁전에서 최상[龍勝]의 전단栴檀으로 받침을 삼고 금실 그물을 두르고, 천의天衣를 깐 자리에서 묘한 법을 연설하였다. 낱낱의 기구器具의 벽과 기둥과 거울과 장엄구 등에서 온 법계 부처님들의 팔상성도八相成道 영상影像이 나타났다. 모든 바라밀행의 경계를 아는 바 지혜를 깨닫고, 반야바라밀로 보문다라니문을 훤히 깨닫는 반야바라밀다법문般若波羅密多法門을 얻었으며, 관정주灌頂住를 증득하였다.

자행동녀는 제10 관정주灌頂住 선지식으로 지혜롭게 자비심을 내어서 물든 곳에 처하더라도 물들지 않는 처염불염處染不染을 표한다. 대비행大悲行을 원만히 체득하여 마음먹은 대로 중생을 이롭게 하며 다시 습기習氣에 오염되지 않는 까닭에 동녀童女라고 이름을 붙였다. 자행동녀의 금빛 피부는 진실을 뜻하고, 검푸른 머리카락은 군센 신념을 뜻하며, 하늘 음성은 고준한 진리를 뜻한다. 안으로 지혜로운 덕망이 제대로 익으면[智德內圓], 밖으로 자비로운 모습이 저절로 드러난다[慈相外彰].

너구리 소굴에는 너구리가 살고, 사자 굴속에서는[師子窟中] 모두 사자가 되며[盡成師子], 전단나무 숲에서는[栴檀林下] 모두 전단나무가 되듯이[純是栴檀], 보배로운 집에는 보배스러운 사람이 살기 마련이다. 보배로운 왕궁에 도적이 살면 왕궁도 도적의 소굴이 된다. 새가 오래 쉬고자 하면[鳥之將息] 반드시 숲을 가리는데[必擇其林] 봉황은 탱자나무에 둥지를 틀지 않는다. 언행에 독한 가시가 없고 근기에 맞추어 잘 순화시키는 지혜를 자행慈行이라고 한다. 생각마다 보리심이면[念念菩提心] 곳곳마다 불국토이다[處處安樂國].

# 寄 十 行 位

| 參 | 本 | 善知識 | 處 所 | 法 門 |
|---|---|---|---|---|
| | 60 | 善現比丘 | 救度國 | 隨順菩薩燈明法門 |
| 11 | 80 | 善見比丘 | 三眼國 | 菩薩隨順燈解脫法門 |
| | 40 | 妙見比丘 | 三眼國 | 菩薩隨順無盡燈解脫法門 |
| | 60 | 釋天主童子 | 輸那國 | 一切巧術智慧法門 |
| 12 | 80 | 自在主童子 | 名聞國河渚 | 一切工巧大神通智光明法門 |
| | 40 | 根自在主童子 | 圓滿多聞國妙門城 | 一切工巧大神通智光明法門 |
| | 60 | 自在優婆夷 | 海住城 | 無盡功德藏莊嚴法門 |
| 13 | 80 | 具足優婆夷 | 海住大城 | 菩薩無盡福德藏解脫法門 |
| | 40 | 辨具足優婆夷 | 海別住城 | 菩薩無盡福德莊嚴藏解脫法門 |
| | 60 | 甘露頂長者 | 大興城 | 如意功德寶藏法門 |
| 14 | 80 | 明智居士 | 大興城 | 隨意出生福德藏解脫法門 |
| | 40 | 具足智長者 | 大有城 | 隨意出生福德藏解脫法門 |
| | 60 | 法寶周羅長者 | 師子重閣城 | 滿足大願法門 |
| 15 | 80 | 法寶髻長者 | 師子大城 | 菩薩無量福德寶藏解脫法門 |
| | 40 | 尊法寶髻長者 | 師子宮城 | 菩薩無障礙願普遍莊嚴福德藏法門 |

# 寄 十 行 位

| 參 | 本 | 善 知 識 | 處 所 | 法 門 |
|---|---|---|---|---|
| 16 | 60 | 普眼妙香長者 | 實利根國普門城 | 令一切衆生歡喜普門法門 |
| | 80 | 普眼長者 | 藤根國普門城 | 令一切衆生普見諸佛歡喜法門 |
| | 40 | 普眼長者 | 藤根國普遍門城 | 令一切衆生普見諸佛承事供養歡喜門 |
| 17 | 60 | 滿足王 | 滿幢城 | 菩薩幻化法門 |
| | 80 | 無厭足王 | 多羅幢城 | 菩薩如幻解脫 |
| | 40 | 甘露火王 | 多羅幢城 | 菩薩如幻變化解脫 |
| 18 | 60 | 大光王 | 善光城 | 菩薩大慈幢行三昧 |
| | 80 | 大光王 | 妙光城 | 菩薩大慈爲首隨順世間三昧法門 |
| | 40 | 大光王 | 妙光城 | 菩薩大慈行順世三昧解脫法門 |
| 19 | 60 | 不動優婆夷 | 安住城 | 菩薩無壞法門 |
| | 80 | 不動優婆夷 | 安住城 | 求一切法無厭足三昧光明 |
| | 40 | 不動優婆夷 | 安住城 | 菩薩所修堅固受持大願行門 |
| 20 | 60 | 隨順一切衆生出家外道 | 不可稱國知足城 | 菩薩至一切處行法門 |
| | 80 | 徧行外道 | 都薩羅城 | 至一切處菩薩行 |
| | 40 | 徧行外道 | 都薩羅城 | 至一切處隨順遍行菩薩行 |

※ 60권본, 80권본, 40권본 화엄경 선지식 이름과 장소가 서로 다른것은 붉은색으로 표기

# 寄 十 行 位

| 參 | 善知識 | 佛國禪師 讚 | | 韻 | |
|---|---|---|---|---|---|
| 11 | 三眼國<br>善見比丘 | 直入城中借問人<br>便知求友到三眼<br>三十八河崇佛事<br>出家何必云年少 | 人人指點在雲林<br>忽見吾師光一尋<br>百千萬劫聽潮音<br>一息蹉跎歲月深 | 林<br>尋<br>音<br>深 | 侵<br>仄起式 |
| 12 | 名聞國河渚<br>自在主童子 | 十千童子樂無涯<br>不可數窮爲轉轉<br>巧書算印將何用<br>大智光明如會得 | 河渚沙中共戲沙<br>阿庾多計洛叉叉<br>醫相商農未足誇<br>滿天星月屬皇家 | 沙<br>叉<br>誇<br>家 | 麻<br>平起式 |
| 13 | 海住城<br>具足優婆夷 | 海住城高瑞氣濃<br>須知隱約千般外<br>四聖授時成聖果<br>少林別有真滋味 | 更觀奇特事無窮<br>盡出希微一器中<br>六凡食後脫凡籠<br>花果馨香滿木紅 | 濃 窮<br>中<br>籠<br>紅 | 冬<br>仄起式 |
| 14 | 大興城<br>明智居士 | 萬象澄明絕點埃<br>求財窮子紛紛到<br>施物應機心路遠<br>萬般千樣從空落 | 大興居士在高臺<br>聽法高流疊疊來<br>出生隨意藏門開<br>無量人天飽暖廻 | 埃 臺<br>來<br>開<br>廻 | 灰<br>仄起式 |
| 15 | 師子宮城<br>法寶髻長者 | 執手歸家看技能<br>十重樓閣從頭覷<br>今日人間成妙果<br>若將此事爲奇特 | 善財一見長威稜<br>三世如來最上層<br>當年佛所施香燈<br>辜負南山萬歲藤 | 能 稜<br>層<br>燈<br>藤 | 蒸<br>仄起式 |

醫相商農未足誇　①相 서로(平, 陽), ②相 볼(去, 漾)

# 寄十行位

| 參 | 善知識 | 佛國禪師　讚 | | 韻 | | |
|---|---|---|---|---|---|---|
| 16 | 藤根國<br>普眼長者 | 遠入藤根路渺茫<br>身心安樂渾無病<br>禪悅珍羞平濟惠<br>微塵生佛如求見 | 普門普眼趣何長<br>香藥調和別有方<br>名衣上服等分張<br>細把波羅蜜味嘗 | 茫 | 長<br>方<br>張<br>嘗 | 陽<br>仄起式 |
| 17 | 多羅幢國<br>無厭足王 | 幢王一詔入深宮<br>劍戟刀山成妙用<br>妄言惡舌當須斷<br>便是金輪化天下 | 鳳閣龍庭事莫同<br>鑊湯爐炭顯神功<br>殺盜邪婬禁不通<br>大千沙界鼓堯風 | 宮 | 同<br>功<br>通<br>風 | 東<br>平起式 |
| 18 | 妙光城<br>大光王 | 百寶光城物象鮮<br>山川草木皆廻轉<br>以法攝持千萬衆<br>爲君傳道誠難得 | 又觀王入定中圓<br>鳥獸魚龍悉現前<br>歸心侍衛幾重天<br>十地三賢未比肩 | 鮮 | 圓<br>前<br>天<br>肩 | 先<br>仄起式 |
| 19 | 安住城<br>不動優婆夷 | 夷夷相好世難倫<br>過去劫逢無垢佛<br>幾生欲海澄清浪<br>求法既云未休歇 | 正是當年箇女人<br>至今成得有爲身<br>一片心田絕點塵<br>朱顏應不惜青春 | 倫 | 人<br>身<br>塵<br>春 | 眞<br>平起式 |
| 20 | 都薩羅城<br>遍行外道 | 城裏相尋晚景分<br>輝華氣象凝青嶂<br>隨類現身非一一<br>東西南北微塵內 | 中宵城外去尋君<br>色相圓明步白雲<br>當機演法未聞聞<br>外道天魔盡出群 | 分 | 君<br>雲<br>聞<br>群 | 文<br>仄起式 |

歸心侍衛 幾重天　①重 무겁다(去, 宋), ②重 거듭(平, 冬)

詣三眼國 參善見比丘; 頸文三道 圓光一尋 萬字胸標 金輪掌現 順機順法 無念無照;

得隨順燈法門 證歡喜行.

욕심을 버리고 삼안을 갖추다 [無染出世間]

# (11) 선견비구善見比丘, Su-darśana

## 선정이 깊어 형편을 따르는 청정한 지혜를 성취하다

[해설]  선재동자는 삼안국三眼國에 이르러서 선견비구善見比丘를 친견하였다. 선견비구는 검푸른 머리카락이 오른쪽으로 돌아 어지럽지 아니하고, 정수리에는 육계가 있고 피부가 금빛이고, 목에 세 줄무늬가 있고, 둥근 광명이 한 길이었고, 가슴에는 만卍자가 있고, 손바닥과 발바닥에는 금강 같은 바퀴 지문指紋이 있었다. 한창의 나이에 용모가 무척 아름답고 단정하였으며, 근기를 따라서 법을 설하면서, 생각 없이 생각하였으며 비춤 없이 비추었다. 깊은 선정으로 형편을 따르는 밝은 등불의 청정한 지혜의 수순등법문隨順燈法門을 얻었으며, 환희행歡喜行을 증득하였다.

선견비구는 제11 환희행歡喜行 선지식으로 안으로 습기習氣를 다스리고, 밖으로는 이타행의 실천을 표한다. 삼안국三眼國은 안목을 말하며 자타自他를 인도하면서 눈이 으뜸이 되어 나머지 코와 입과 귀 등을 이끄는 것처럼 보시바라밀은 모든 수행의 으뜸 가는 안목眼目이다. 첫째 집착 없이 재물을 보시하여 혜안慧眼을 이루고, 둘째 무외無畏를 보시하여 자안慈眼을 이루며, 셋째 정법正法을 보시하여 법안法眼을 이루어 삼안三眼의 견해를 갖추게 되면 세상 모든 것이 착하게 보인다.

마음속으로 보시행이 이루어지면 밖으로 수승한 복이 저절로 열리며 누구나 볼 수 있다. 집착을 여읜 보시를 가르치고자 하므로 출가出家한 비구스님으로서 법을 표하였다. 수행의 근본은 모든 집착에서 벗어나는 출리出離에 있기 때문이다.

頂有肉髻　皮膚金色　頸文三道　額廣平正　眼目修廣　如青蓮華
脣口丹潔　如頻婆果　胸標卍字　七處平滿　其臂纖長　其指網縵
(해인사 고려대장경판『大方廣佛華嚴經』「入法界品」제65권)

詣名聞國河渚 參自在主童子; 八部龍天 空中告語 十千童子 樂共戲沙 工巧方術 商農算印;
得工巧大神通智法門 證饒益行.

모래 장난하며 모래 수를 헤아리다 [工巧方術]

# (12) 자재주동자自在主童子, Indriyeśvara

## 모든 일에 자재하고 신통한 지혜의 능력을 갖추다

[해설] 선재동자는 명문국名聞國 강변에 이르러서 자재주동자自在主童子를 친견하였다. 천룡팔부중天龍八部衆이 공중에서 선재동자에게 말하기를 "지금 자재주동자는 강가에서 1만 명의 동자에게 둘러싸여 모래장난을 하고 있다."라고 하였다. 자재주동자는 문수사리동자에게 모든 일에 능통한 신통 지혜로써 도덕道德이 없는 사람을 다스리는 왕도王道의 능력을 배웠으며, 뛰어난 방법의 상업과 농업과 산수算數와 결인結印 등을 배웠다. 바른길의 왕도王道를 성취한 자재주동자에게 공교대신통지법문工巧大神通智法門을 얻었으며, 요익행饒益行을 증득하였다.

자재주동자는 제12 요익행饒益行 선지식으로 참된 지혜를 바탕으로 덕망을 세워서 도덕적으로 어두운 사람을 다스리는 왕도王道의 자재함을 나타내며, 삼취정계三聚淨戒로써 자타를 요익하게 하는 뜻이 있다. 그리고 자재주동자가 여러 가지 재주를 문수보살에게 배웠다는 것은 근본적으로 지혜가 있어야 능히 계율을 지킬 수 있다는 것을 뜻한다. 자재주自在主는 자유자재하게 주인처럼 살면서 억지로 형식적인 계율에 얽매임 없이 상황에 따라서 자연스럽게 계율을 열고 닫을 줄 아는 것을 뜻하며, 동자童子는 세속에 때 묻지 않고 순진무구한 동심童心으로 탐욕과 성냄에 찌든 마음이 없음을 뜻한다.

계율을 어기는 것은 난치병과 같은 것으로 양심대로 살지 못하면 자유를 잃어버리게 되므로 자재주동자로서 요익행饒益行을 나타내었다. 난치병을 다스린다는 것은 보통 솜씨로는 불가능하다. 여러 가지 지혜가 없으면 남을 가르치는 일이 도리어 남을 그르치는 결과를 초래하고 만다.

詣海住城 參具足優婆夷; 數十億座 延無量人 安一小器 涌無量寶 萬方來者 悉得滿足;
得無盡福德藏法門 證無違逆行.

작은 그릇 하나로 구제하다 [置一小器]

# (13) 구족우바이具足優婆夷, Prabhūtā

## 작은 그릇 하나로 다 충분하게 음식을 제공하다

[해설]  선재동자는 해주성海住城에 이르러서 구족우바이具足優婆夷를 친견하였다. 구족우바이가 보배자리에 앉았는데 젊은 나이에 살결이 아름답고 단정하였으며, 소복 단장에 머리카락이 드리웠고 몸에는 영락瓔珞이 없으나 그 몸 색과 모습에는 위덕과 광명이 있었다. 십억의 자리를 깔고 무량한 사람을 인도하였으며, 앞에는 작은 그릇 하나가 놓였는데[置一小器], 모든 이에게 공급할 충분한 음식과 무량한 보배가 샘솟듯이 나왔으며, 여러 곳에서 온 사람들이 모두 만족하였다. 다함이 없는 복덕창고의 무진복덕장법문無盡福德藏法門을 얻었으며, 무위역행無違逆行을 증득하였다.

구족우바이는 제13 무위역행無違逆行 선지식으로 지혜를 따라서 자비심을 일으켜 일체 경계에 항상 불사佛事를 구족具足하게 시설施設하는 것을 나타낸다. 자연스러운 이치를 참고 따르면서 거슬리지 않는 인욕바라밀을 무위역행이라 한다[忍順物理 名無違逆].

자리이타自利利他의 행을 다듬어 성냄과 욕심의 기운을 다스리면 명리名利에 흔들리지 않고 득실得失에도 개의치 않게 된다. 인욕바라밀이 심어지면 작은 그릇 하나로도 모든 사람을 먹여 살릴 수 있는 능력이 갖추어진다. 남들과 시비是非를 다투지 않고, 선악善惡을 가슴에 묻어두지 않으며, 희로애락을 얼굴에 나타내지 않고, 남의 즐거움을 자기의 즐거움처럼 여기고, 남의 근심을 자기의 근심처럼 여긴다.

밤송이를 통째로 삼키면 얼마나 고통스러운가. 심장에 칼이 꽂힌 걸 견디려면 얼마나 참아야 하는가. 그렇게 행하기 어려운 일을 행하면 부처님처럼 존중받는다. 조사祖師의 등불을 이어서 부처님의 혜명慧命을 잇는 것은 작은 일이 아니다.

詣大興城 參明智居士; 處高臺上 仰視空中 一切諸寶 繽紛而下 若貴若貧 財施法施;
得隨意出生藏法門 證無屈撓行.

무량한 재물과 설법을 베풀다 [繽紛而下]

# (14) 명지거사明智居士, Vidvan

## 여의주 같은 복으로 중생의 소원을 만족시켜 주다

[해설] 선재동자는 대흥성大興城에 이르러서 명지거사明智居士를 친견하였다. 높은 칠보대의 보배자리 위에 앉아서 여러 곳에서 모인 대중을 바라보고 각각의 소원을 생각하며 허공을 우러러 보면 공중에서 그들이 원하는 모든 보배들이 무수히 내렸다. 마음대로 복덕창고를 출생하는 명지거사는 귀한 사람과 가난한 사람에 맞추어 재물과 법을 보시하였다. 여의주 같은 복덕창고를 출생하여 중생의 소원을 만족하게 하는 수의출생장법문隨意出生藏法門을 얻었으며, 무굴요행無屈撓行을 증득하였다.

명지거사는 제14 무굴요행無屈撓行 선지식으로 험난한 세속에 머물면서, 밝고 원융圓融한 세지世智로 꾸준히 중생의 캄캄한 마음을 밝혀주는 것을 표한다. 사는 곳이 대흥성大興城이라는 것은 크게 정진精進하는 마음을 일으킨 것을 뜻하며, 선지식의 이름이 명지明智라는 것은 발걸음이 나아갈 때 반드시 밝은 지혜의 눈이 인도해야 하는 것을 뜻한다.

비록 재주가 있더라도 도덕성道德性이 없는 사람은 보물이 있는 곳을 가리켜 주어도 가지 않는 것과 같고, 또 부지런하지만 지혜의 안목이 없는 사람은 가고자 하는 방향과 반대로 가고 만다. 누구나 배가 고프면 밥 먹을 줄 알고 병이 나면 병원에 갈 줄은 아는데 진리의 법을 배워서 캄캄한 마음을 밝힐 줄은 잘 모른다.

서원과 수행은 새의 두 날개와 같아서[誓願與修行 猶如鳥之二翼], 겸비하지 않으면 결코 목적지에 도달할 수 없다. 큰 강을 건너고자 하는 사람이 배를 준비하지 않으면 끝내 건너편 언덕으로 갈 수가 없다. 마찬가지로 원願은 있지만 행行이 없는 수행자는 아무리 사홍서원四弘誓願을 말할지라도 그 네 가지 행을 실천하지 않으면 늘 차안此岸에 머무를 수밖에 없을 것이다.

詣師子宮城 參法寶髻長者; 執手觀宅 重疊妙閣 見十界生 施十種寶  過去修因 蘊積智藏;
得無盡藏法門 證離癡亂行.

십층 누각에서 넘치게 보시하다 [施十種寶]

# (15) 법보계장자法寶髻長者, Ratna-cūḍa

## 모든 곳에 생활필수품을 넉넉하게 베풀다

[해설]  선재동자는 사자궁성師子宮城에 이르러서 법보계장자法寶髻長者를 친견하였다. 선재동자의 손을 잡고 자기가 사는 여덟 개의 큰문이 있는 10층으로 된 아름다운 누각을 보여주었다. 선재동자가 10층을 차례대로 살펴보니 층층이 열 가지의 귀한 것을 보시하고 있었다. 이러한 복된 인연은 과거 미진수 겁 전에 부처님을 위해 음악을 연주하고, 향을 사르며 공양을 올리고 지혜를 쌓았기 때문이다. 필요한 모든 곳에 생활필수품을 넉넉히 베풀어 주는 한량없는 복덕보배창고의 무진장법문無盡藏法門을 얻었으며, 무치란행無癡亂行을 증득하였다.

법보계장자는 제15 무치란행無癡亂行 선지식으로 지혜와 자비로 수행이 원만하여 모든 경지를 총섭總攝하는 것을 표한다. 마치 정수리[髻]가 몸통과 팔과 다리 등 오체五體를 총괄하는 것과 같다.

사자궁師子宮에 산다는 것은 산란함이 없는 깊은 삼매를 뜻한다. 사자는 백수百獸의 왕으로 두려움이 없는 것을 뜻하며, 궁궐은 설하는 법문이 깊고 출중한 것을 뜻한다. 법보계法寶髻는 산란한 생각을 거두어 마음의 가장 꼭대기[心頂] 선정에 머무름을 뜻한다. 선정은 밝은 지혜[明智]를 머금고 있으므로 보배[寶]를 비유로써 이름을 나타내었다.

초심자는 몸과 마음가짐이 조화롭게 되어야 깊은 선정에 들어갈 수 있다. 식탐이 지나치거나 부족하면 생각이 흩어지고, 잠이 많거나 적으면 생각이 무거워지고, 몸이 반듯하지 않으면 생각이 삿되어지고, 숨결을 살피지 못하면 집중력이 떨어지고, 쓸데없이 말이 많으면 생각이 어지럽게 된다. 무치란행은 이치란행離癡亂行이라고도 한다.

詣藤根國 參普眼長者; 調香調藥 理身理心 運平等悲 利益無量 是生皆度 是佛俱見;
得普見諸佛歡喜法門 證善現行.

몸과 마음의 병을 깨끗이 고치다 [理身理心]

# (16) 보안장자普眼長者, Samanta-netra

## 분별심이 없는 행원行願으로 남들을 기쁘게 하다

[해설]  선재동자는 등근국藤根國 보문성普門城에 이르러서 보안장자普眼長者를 친견하였다. 향과 약을 조제調製하여 몸과 마음의 병을 다스리고, 평등한 자비심을 베풀어 한량없는 사람에게 이익을 주며, 중생을 다 제도하고 부처님을 두루 친견하였다. 세간법과 출세간법에 분별심이 없는 행원으로 남들을 기쁘게 하는 보견제불환희법문普見諸佛歡喜法門을 얻었으며, 선현행善現行을 증득하였다.

보안장자는 제16 선현행善現行 선지식으로 이 수행문에 이르면 세간과 출세간의 법에 통달하지 못한 바가 없게 됨을 나타낸다. 인연법을 훤히 알아서 적절한 방편을 잘 쓴다. 방편을 잘 쓴다는 것은 의식주를 충분히 제공해주고 난 연후에 법을 설하여 깨달음을 얻게 한다는 말이다.

등근藤根은 뿌리 깊은 신심을 뜻하는데, 칡도 소나무를 의지하면 높이 오를 수 있듯이, 보문普門은 다양한 방편지혜를 의지하는 것이며, 보안普眼은 인연차별을 잘 아는 안목이라는 뜻이다.

밖으로 치닫는 생각이 조절되면 안에서 좋고 싫음이 사라지므로 가는 사람을 잡지 아니하고 오는 사람을 막지 아니한다. 삶에 한가로움을 느끼며 스스로 만족하여 마당에 꽃을 심고 잔설殘雪을 쓸어낼 줄 알게 된다. 누에가 억센 뽕잎을 소화消化하여 고운 비단실을 뽑아내듯이 모진 업장을 부지런히 녹이면 부드러운 선정이 얻어진다. 소화된다는 것은 수많은 필터로 여과하여서 한 몸에 녹아드는 것이다. 소消는 모양이 사라지는 것이며, 화化는 무르녹아서[和] 하나가 되는 것이다. 소화를 시키려면 뜨겁게 푹 찌고, 아주 곱게 갈아서, 본래의 모양을 조금도 남기지 않고 흔적 없는 공기처럼 비워야 한다.

詣多羅幢國 參無厭足王; 詔入宮殿 細觀善惡 示現調伏 令修福業 了生如幻 化幻如生;
得如幻法門 證無著行.

악한 죄를 벌하여 태평을 이루다 [了生如幻]

# (17) 무염족왕無厭足王, Anala

## 짐짓 살벌한 방편으로 환술같이 잘 교화하다

[해설]  선재동자는 다라당성多羅幢城에 이르러서 무염족왕無厭足王을 친견하였다. 나쁜 죄를 저지른 죄인들을 오랏줄로 묶어 끌고 와서 저지른 죄에 따라서 형벌을 주는 모습을 보니, 손발과 머리를 베고, 타는 불에 지지며, 높은 데서 떨어뜨리기도 하는 등 지옥과 같았다. 선재동자가 생각하기를 '이 왕은 선한 법은 하나도 없고 큰 죄업을 지으며, 중생을 핍박하여 생명을 빼앗으면서도 전혀 장래의 나쁜 길을 두려워하지 않으니 어떻게 자비심을 내어 중생을 구호하는 선지식이겠는가.'라고 의심하였다. 그때 무염족왕이 손을 잡고 궁전으로 들어가 선한 복업으로 얻어진 장엄한 궁전을 자세히 살펴보게 하였다. 자기는 일부러 악업 중생을 조복하기 위해 살벌한 방편을 쓰는 것이며, 생生이 환화幻化와 같고, 환화幻化가 생生과 같음을 잘 안다고 하였다. 악업 중생을 잘 교화하는 여환법문如幻法門을 얻었으며, 무착행無著行을 증득하였다.

무염족왕은 제17 무착행無著行 선지식으로 갖가지 방편으로 다양한 악업 중생을 조복 받아 이롭게 하는 것에 싫어함이 없음을 나타낸다. 무염족無厭足은 아나라阿那羅의 번역이며, 사리事理에 막힘이 없으며, 벌을 받거나 버림이 모두 환영幻影인 줄 알고 집착함이 없다. 다라多羅는 밝고 깨끗하다는 뜻이며, 당幢은 건립한다는 뜻이다.

무염족왕은 진노로 살면서도 학대에 빠지지 않고[恚火而不燒], 바수밀다는 욕탐으로 살면서도 애욕에 물들지 않으며[愛水而不溺], 승열바라문은 미혹하게 살면서도 사견에 떨어지지 않는다[邪見而不侵]. 탐진치의 삼독三毒을 돌이켜서 계정혜의 삼덕三德을 성취하는 역행逆行 선지식의 가르침은 이해하기가 쉽지 않다.

| | |
|---|---|
| 罪性本空由心造 | 죄의 근성이 본래 없지만 마음을 따라서 생기며 |
| 心若滅時罪亦亡 | 마음이 만약 사라지면 죄악도 또한 없어지나니 |
| 罪亡心滅兩俱空 | 죄도 없고 마음도 사라져 둘 다 모두 공하다면 |
| 是則名為真懺悔 | 이것이 곧 진정한 참회라고 말할 수 있으리라 |

『瑜伽集要施食儀軌』「懺悔偈」

詣妙光城 參大光王; 明明三昧 入一切智 法法顯現 諸天圍遶 種性莊嚴 觀仰無盡;
得大慈幢法門 證難得行.

자비로 다스려 선정을 펼치다 [觀仰無盡]

# (18) 대광왕大光王, Mahā-prabha

## 인정스럽고 예의 바르게 원하는 것들을 나눠주다

[해설] 선재동자는 묘광성妙光城에 이르러서 28종 대인상大人相을 갖춘 대광왕大光王을 친견하였다. 사거리의 보좌에 앉았는데 천하 만물이 예경하며 에워쌌고, 모든 종성種性이 귀의하여 장엄하게 우러러 존경하였다. 대자비행으로 교화하는데 두려움이 없게 하고, 빈궁함이 없게 하며, 근기에 맞추어서 교화하였다. 인정스럽고 예의 바르게 원하는 것을 나누어 주는 대자당법문大慈幢法門을 얻었으며, 난득행難得行을 증득하였다.

대광왕은 제18 난득행難得行 선지식으로 묘광妙光은 집착 없는 묘혜妙慧로써 중생을 제도함을 뜻하며, 대광大光은 자비로운 삼매의 빛으로 모두 포용하며 광대한 원력으로 널리 이익을 베풀어줌을 뜻한다.

동서고금을 막론하고 누구나 동등한 일심一心으로 살지만 업력이 무겁고 가벼움을 따라서 세상을 보는 견해가 달라진다. 청정하게 선근善根을 심고 부처님께 공양하며 발심하여 보살행을 닦던 사람에게는 세상이 보배로 장엄된 것처럼 보이지마는 그렇지 못하고 악업장에 빠져서 이해타산에 떨어진 사람들은 세상이 이전투구泥田鬪狗로 보인다.

[經文] "선남자여, 이 묘광성에 있는 중생들은 모두 보살들로서 대승의 뜻을 내었으며, 마음의 하고자하는 것을 따라서 보는 것이 같지 아니하니, 혹은 이 성이 좁다고 보며, 혹은 이 성이 넓다고 보며, 혹은 흙과 자갈로 땅이 된 줄로 보기도 하고, 혹은 여러 가지 보배로 장엄한 줄로 보기도 하며, 혹은 흙을 모아 담을 쌓은 줄로 보기도 하고, 혹은 보배로 쌓은 담이 둘리었다고 보기도 하며, 혹은 그 땅에 돌과 자갈이 많아서 땅이 울퉁불퉁하다고 보기도 하고, 혹은 한량없는 큰 마니보배로 사이사이 장엄하여 손바닥처럼 평탄하다고 보기도 합니다."

詣安住城 參不動優婆夷; 光觸身者 卽得淸凉 經乎塵劫 不生慾心 諸種勝法 一智無礙;
得求法無厭法門 證善法行.

악독한 중생을 인내로 건지다 [不生慾心]

# (19) 부동우바이不動優婆夷, Acalā

## 미워하고 사랑하는 생각 없이 정법을 배우다

[해설]  선재동자는 안주왕도安住王都에 이르러서 부동우바이不動優婆夷를 친견하였다. 부동우바이는 동녀의 몸으로 집에서 부모의 보호를 받으면서 한량없는 그의 친족들에게 묘한 법을 연설하였는데, 선재동자가 부모를 만나듯이 기뻐하며 찾아뵈었다. 광명이 몸에 닿은 사람은 곧 청량함을 얻었는데 참회하는 마음이 없으면 광명법문이와 닿지 않는다. 미진수 겁을 지내면서 욕심을 내지 않고, 모든 수승한 법에 지혜로 무애자재 하였다. 진리를 구함에 싫증을 내지 않는 구법무염법문求法無厭法門을 얻었으며, 선법행善法行을 증득하였다.

부동우바이는 제19 선법행善法行 선지식으로 묘행妙行을 성취하여 세간의 오욕五欲과 일체 경계에 마음이 움직이는 바가 없음을 나타낸다. 발심하여 일체 법에 삼매를 얻지 않음이 없으며, 번뇌중생과 이승二乘이 동요시킬 수 없고, 또한 중생의 마음을 부동하게 하므로 지혜로써 자비를 닦으며 청신녀清信女로 유연함을 표한다.

신심이 깊어질수록 생각이 경쾌해지며, 악조건이 생겨도 편안하게 익어가고, 경전의 이론과 수행의 실참實參이 바로 실제의 삶이 된다. 마치 단단한 바위가 흐르는 계곡물에 깎이듯이, 바닷가 조약돌이 물결에 닳듯이 말과 행동에 고운 흔적이 나타난다.

물을 그냥 마시면 물이고, 물로 차茶를 끓이면 차가 되고, 물로 약藥을 달이면 약이되고, 물로 술을 빚으면 술이 된다. 사람에게는 흔들림 없는 만고萬古의 사람이 있다. 시절에 상관없는 한 사람이지만 얼굴은 석가모니불이며, 눈길은 문수보살이며, 발길은 보현보살이며, 손길은 관세음보살이다.

歷千劫而不古  천겁을 지나와도 예스럽지 않고
亘萬歲而長今  만년이 흘러가도 항상 지금이다

『金剛經五家解』「序文」 含虛堂

詣都薩羅城 參遍行外道; 徐行山頂 色相圓明 十千天人 九十六種 觀器觀機 無依無作;
得一切處菩薩行法門 證眞實行.

마음이 바르면 모든 것이 진리다 [觀器觀機]

# (20) 변행외도遍行外道, Sarva-gāmin

## 삿된 외도의 고집과 견해를 적절하게 조복하다

[해설]  선재동자는 도살라성都薩羅城에 이르러서 변행외도遍行外道를 친견하였다. 변행외도가 천천히 산마루를 거닐고 있었는데 생긴 모습이 원만하고 밝게 빛났다. 수많은 범천인梵天人이 호위하였으며, 96종 외도를 조복시키면서 근기根器와 기연機緣을 잘 살펴서 억지로 조작함이 없었다. 모든 곳에서 화이부동和而不同의 보살행을 닦는 일체처보살행법문一切處菩薩行法門을 얻었으며, 진실행眞實行을 증득하였다.

변행외도는 제20 진실행眞實行 선지식으로 순수한 행과 고요한 마음으로 삿된 무리를 교화하기 위하여 그들과 함께 일하는 것을 표한다. 도살라都薩羅는 수많은 기쁨을 만들어 낸다는 뜻이다.

눈보라가 몰아치거나, 비바람이 불거나, 햇빛이 쏟아지더라도 늘 같은 그 하늘이며, 파도가 높게 일거나, 잔잔하게 자거나, 달빛이 환하게 어리더라도 늘 같은 그 바다이다. 전단나무를 조각하면서 떨어진 부스러기라도 모두 전단향이다. 기쁨과 노여움과 슬픔과 즐거움이 모두 한 마음이다.

전 단 목 주 중 생 상
**栴檀木做衆生像**    전단향나무로 중생의 모습도 새기며

급 여 여 래 보 살 형
**及與如來菩薩形**    부처님과 보살님의 모습도 새기나니

만 면 천 두 수 각 이
**萬面千頭雖各異**    천차만별 얼굴 모습은 다 다를지라도

약 문 훈 기 일 반 향
**若聞薰氣一般香**    향기를 맡아보면 똑같은 전단향이라

『天地冥陽水陸齋儀梵音刪補集』

# 寄十廻向位

| 參 | 本 | 善知識 | 處所 | 法門 |
|---|---|---|---|---|
| | 60 | 青蓮華香長者 | 甘露味國 | 善知一切諸香 |
| 21 | 80 | 優鉢羅華香長者 | 廣大國 | 調和一切香法 |
| | 40 | 具足優鉢羅華長者 | 廣博國 | 調和香法 |
| | 60 | 自在海師 | 樓閣城 | 大悲幢淨行法門 |
| 22 | 80 | 婆施羅船師 | 樓閣大城 | 大悲幢行 |
| | 40 | 婆施羅船師 | 樓閣城 | 大悲幢行 |
| | 60 | 無上勝長者 | 可樂城 | 至一切趣菩薩淨行莊嚴法門 |
| 23 | 80 | 無上勝長者 | 可樂城 | 至一切處修菩薩行清淨法門 |
| | 40 | 最勝長者 | 樂瓔珞城邑無憂林 | 至一切處淨菩薩行莊嚴法門 |
| | 60 | 師子奮迅比丘尼 | 難忍國迦陵伽婆提 | 菩薩一切智底法門 |
| 24 | 80 | 師子頻申比丘尼 | 輸那國迦陵迦林城 | 成就一切智解脫 |
| | 40 | 師子頻申比丘尼 | 邊際河國羯陵迦林城 | 滅除一切微細分別成就一切智菩薩解脫門 |
| | 60 | 婆須蜜多女 | 險難國寶莊嚴城 | 離欲實際清淨法門 |
| 25 | 80 | 婆須蜜多女 | 險難國寶莊嚴城 | 菩薩離貪際解脫 |
| | 40 | 伐蘇蜜多女 | 險難聚落寶莊嚴城 | 菩薩離貪欲際解脫法門 |

# 寄十廻向位

| 參 | 本 | 善知識 | 處　所 | 法　門 |
|---|---|---|---|---|
|  | 60 | 安住長者 | 首婆波羅城 | 不滅度際菩薩法門 |
| 26 | 80 | 鞞瑟胝羅居士 | 善度城 | 菩薩所得不般涅槃際解脫 |
|  | 40 | 毘瑟底羅居士 | 淨達彼岸城 | 菩薩所得不般涅槃際解脫門 |
|  | 60 | 觀世音菩薩 | 光明山 | 大悲法門光明之行 |
| 27 | 80 | 觀自在菩薩 | 補怛洛迦山 | 大悲行法門 |
|  | 40 | 觀自在菩薩 | 補怛洛迦山 | 菩薩大悲速疾行解脫門 |
|  | 60 | 正趣菩薩 | 妙藏來詣娑婆金剛山頂 | 菩薩普門速行法門 |
| 28 | 80 | 正趣菩薩 | 觀自在菩薩處 | 菩薩普門速疾行解脫 |
|  | 40 | 正性無異行菩薩 | 娑婆世界輪圍山頂 | 菩薩普門不動速疾行解脫 |
|  | 60 | 大天神 | 婆羅波提城 | 菩薩雲網法門 |
| 29 | 80 | 大天神 | 亶羅鉢底城 | 菩薩雲網解脫 |
|  | 40 | 大天神 | 門主城 | 菩薩雲網解脫 |
|  | 60 | 安住道場地神 | 閻浮提內摩竭提國 | 菩薩不可壞藏法門 |
| 30 | 80 | 安住地神 | 摩竭提國菩提場 | 不可壞智慧藏法門 |
|  | 40 | 自性不動主地神 | 閻浮提摩竭國菩提樹王大道場 | 難摧伏智慧藏解脫門 |

※ 60권본, 80권본, 40권본 화엄경 선지식 이름과 장소가 서로 다른것은 붉은색으로 표기

# 寄十廻向位

| 參 | 善知識 | 佛國禪師 讚 | 韻 | | |
|---|---|---|---|---|---|
| 21 | 廣大國<br>優鉢羅華長者 | 優鉢羅華向日開　滿天風味入靈臺<br>雪山牛首皆收到　象藏龍宮盡採來<br>一炷普熏成雨露　十方騰瑞起風雷<br>吾家不用調和法　也自馨香遍九垓 | 開 | 臺來雷垓 | 灰<br>仄起式 |
| 22 | 樓閣城<br>婆施羅船師 | 平生活計聚城樓　來往商人古岸頭<br>鷗鷺過時江蓼嫩　鷰鴻歸後白蘋秋<br>碧天有月尋珠浦　滄海無風到寶洲<br>鼓掉呈橈何處客　入雲帆勢去悠悠 | 樓 | 頭秋洲悠 | 尤<br>平起式 |
| 23 | 可樂城<br>無上勝長者 | 十有餘年四海遊　因尋上勝到無憂<br>幾多魔畜貪瞋息　八部龍天鬥諍休<br>一切處修菩薩行　三千世界鬼神愁<br>秖因成就如斯力　喚得勞生盡轉頭 | 遊 | 憂休愁頭 | 尤<br>仄起式 |
| 24 | 輸那國<br>師子頻申比丘尼 | 師身已得意生身　遍往塵方指示人<br>泉沼靈源八德美　園林寶樹百花新<br>頭頭顯現輝心鏡　各各隨宜轉法輪<br>多劫既能師子吼　不知何處又嚬呻 | 身 | 人新輪呻 | 眞<br>平起式 |
| 25 | 嶮難國<br>婆須蜜多女 | 相逢相問有何緣　高行如來一寶錢<br>執手抱身心月靜　吻脣嗻舌戒珠圓<br>人非人女皆隨現　天與天形應不偏<br>三德已明貪欲際　酒樓花洞醉神仙 | 緣 | 錢圓偏仙 | 先<br>平起式 |

# 寄十廻向位

| 參 | 善知識 | 佛國禪師　讚 | | 韻 | | |
|---|---|---|---|---|---|---|
| 26 | 善度城<br>鞞瑟胝羅居士 | 山川重疊轉艱難<br>鞞瑟胝羅如月滿<br>但觀種類示調伏<br>三昧境隨成正覺 | 到此平生意氣歡<br>梅檀佛塔似天寬<br>不見如來般涅槃<br>十方塵刹掌中看 | 難 | 歡<br>寬<br>槃<br>看 | 寒<br>平起式 |
| 27 | 補怛落迦山<br>觀自在菩薩 | 迤邐山西巖下求<br>善財童子叮嚀語<br>一切含生離怖畏<br>聞思修入三摩地 | 金剛寶石月輪秋<br>却問觀音那路修<br>百千異類等調柔<br>犬吠鷄啼卒未休 | 求 | 秋<br>修<br>柔<br>休 | 尤<br>仄起式 |
| 28 | 即此空中<br>正趣菩薩 | 堂堂此界太虛中<br>日月星辰光映奪<br>從來國土無空過<br>普疾行功聊借問 | 身放毫明照不同<br>天人龍鬼貌朦朧<br>所到師門有變通<br>竹房雲鎖日頭東 | 中 | 同<br>朧<br>通<br>東 | 東<br>平起式 |
| 29 | 墮羅鉢底城<br>大天神 | 四手長伸取四溟<br>回觀面目身心淨<br>雲網碧幢重疊疊<br>試拈此物爲施設 | 持來掌上驀頭傾<br>又見乾坤日月明<br>花香寶聚積盈盈<br>蠢動含靈道自成 | 溟 | 傾<br>明<br>盈<br>成 | 庚<br>仄起式 |
| 30 | 菩提場<br>安住地神 | 行到閻浮摩竭陀<br>口談佛記心持盡<br>得此法門常出入<br>等將法界同回向 | 地神百萬列星羅<br>足按僧祇寶涌多<br>便觀塵劫不諱訛<br>普放光明見也麼 | 陀 | 羅<br>多<br>訛<br>麼 | 歌<br>仄起式 |

(21) 우발라화장자優鉢羅華長者　十廻向 제1 救護一切衆生離衆生相廻向

詣廣大國 參優鉢羅華長者; 採諸寶香 合成一味 變化祥瑞 普燻法界 使聞香者 獲法身香;
得調和香法門 證離衆生相廻向.

모든 향을 만들어 고질병을 고치다 [合成一味香]

# (21) 우발라화장자優鉢羅華長者, Utpala-bhūti

## 무아의 지혜로 향을 만들어 악업을 순화하다

[해설]  선재동자는 광대국廣大國에 이르러서 우발라화장자優鉢羅華長者를 친견하였다. 우발라화장자는 모든 향을 잘 분별할 줄 알아서 조화롭게 가장 풍미 있는 향을 만들었다. 경사스러운 교화로써 법계를 널리 향기롭게 하였으며, 그 향을 맡은 사람들로 하여금 법신의 향을 얻게 하였다. 향을 조화롭게 하는 조화향법문調和香法門을 얻었으며, 모든 중생을 구호하지만 중생이라는 생각을 버린 구호일체중생이중생상회향救護一切衆生離衆生相迴向을 증득하였다.

우발라화장자는 제21 구호일체중생이중생상회향救護一切衆生離衆生相迴向 선지식으로 광대한 원력으로 자비와 지혜를 융화融和하여 법신法身의 향을 성취하고 널리 일체중생에게 그 향기가 스며들게 함을 나타낸다. 대비大悲로 널리 섭수하므로 구호중생救護衆生이라 하며, 대지大智가 분명하므로 이중생상離衆生相이라 한다. 자비와 지혜가 머무름 없는 무주無住를 나타낸다. 우발라화優鉢羅華는 번역하면 청련화靑蓮華이다. 청련화는 부처님 눈의 미묘함과 깨끗한 법문의 향기에 종종 비유된다. 연꽃처럼 오염되지 않는 해탈을 성취한 우발라화장자에게 무아無我의 지혜로 향을 만들어 악업을 순화하는 법을 배운다. 생사와 열반에 모두 물들지 않으므로 연꽃으로 그 이름을 나타내었다. 육향장자鬻香長者라고도 하는데 육鬻은 판매한다는 뜻으로 향을 조제하여 판매하는 직업을 말한다.

연蓮은 속을 비우고 곧은 모습으로 꼿꼿이 서서[中通外直 亭亭淨植], 덩굴가지를 번지지 않고, 잎 한 줄기에 꽃 한 송이만 피우며[不蔓不枝 一莖單花], 멀리까지 퍼지는 향기는 멀수록 더욱 맑고[馨香遠聞 香遠益淸], 진흙에 있어도 오염되지 않고, 맑은 물결에 씻겨도 요염하지 않으며[淤泥不染 淸漣不妖], 꽃이 필 때 열매도 함께 맺힌다[花果同時 因果平等].

詣樓閣城 參婆施羅船師; 一切商人共論寶聚 酌海深淺 於其遠近 望月觀星 知來識往;
得大悲幢法門 證不壞廻向.

누각성의 뱃사공 보배섬을 오가다 [酌海深淺]

# (22) 바시라선사婆施羅船師, Vairocana

## 험한 뱃길을 편히 인도하다

[해설]   선재동자는 누각대성樓閣大城에 이르러서 뱃사공 바시라선사婆施羅船師를 친견하였다. 바시라선사는 모든 상인商人들과 더불어 보배섬의 보배를 논하고, 바다의 깊고 얕은 이치를 참작參酌하였다. 바다의 소용돌이치는 곳과 파도가 멀고 가까운 것을 잘 분별하였으며, 달을 바라보고 별을 살펴서 때의 늦고 빠름을 잘 헤아렸고, 물과 바람이 편안하고 위태로운 것을 살펴서 갈만하면 가고, 못 갈만하면 가지 않는 것을 잘 판단하였다. 크게 가엾이 여기는 대비당법문大悲幢法門을 얻어서, 무너지지 않는 불괴회향不壞廻向을 증득하였다.

바시라선사는 제22 불괴회향不壞廻向 선지식으로 불법佛法의 바다를 통달하여 생사의 바다에서 중생을 잘 인도함을 표한다. 삼보를 향한 무너지지 않는 깊은 믿음이 있으며, 바시라는 번역하면 자재自在라고 한다. 경험이 많은 자재한 뱃사공처럼 편안함을 주는 것을 표한다.


[經文]   "선남자여, 나는 염부제에 있는 빈궁한 중생들을 보고 먼저 세상 물건을 주어 그 마음을 충만하게 하며, 다시 법의 재물을 보시하여 그들을 환희케 합니다. 나는 바다에 있는 모든 보배의 섬과, 모든 보배의 처소와, 모든 보배의 종류와, 모든 보배의 근본을 알며, 모든 보배를 깨끗이 하고, 모든 보배를 연마하고, 모든 보배를 찾아내고, 모든 보배를 만들 줄을 알고, 모든 보배의 그릇과, 모든 보배의 쓰임과, 모든 보배의 경계와, 모든 보배의 광명을 압니다. 또 배의 철물과, 나무가 굳고 연한 것과, 기관이 껄끄럽고 미끄러움과, 물이 많고 적음과, 바람이 순하고 거슬림을 잘 알며, 이와 같은 모든 편안하고 위태로운 것을 분명하게 알아서 갈 만하면 곧 가고 멈추어야 하면 곧 멈춥니다."

詣可樂城 無憂林 參無上勝長者; 無憂林中 理斷世務 八部龍天 一切人畜 無貪無嗔 無鬪無諍; 得一切處無作神通法門 證等一切佛廻向.

원수를 잊고 질투를 버리다 [理斷世務]

# (23) 무상승장자無上勝長者, Jayottama

## 세상의 잡된 일을 끊고 보살행의 신통력을 펴다

[해설] 선재동자는 가락성可樂城 동쪽에 있는 대장엄당무우림大莊嚴幢無憂林에 이르러서 무상승장자無上勝長者를 친견하였다. 한량없는 상인들과 거사들이 둘러싸고 있었는데, 세상 잡사雜事를 끊게 하고 마음을 다스리는 법을 설하여, 아만을 완전히 뽑게 하고, 나와 나의 것을 여의게 하며, 쌓아둔 것을 버리어 간탐과 질투의 때를 없게 하였다. 팔부천룡과 모든 사람과 축생이 탐욕과 성냄이 없었으며 다투는 일도 없었다. 이르는 모든 곳마다 방편으로 보살행의 신통력을 짓는 일체처무작신통법문一切處無作神通法門을 얻었으며, 보리심을 여의지 않으며 부처님과 동등한 등일체불회향等一切佛廻向을 증득하였다.

무상승장자는 제23 등일체불회향等一切佛廻向 선지식으로 법을 통달하여 최고의 경지에 이르러서 부처님과 동등할 정도로 수승하다. 비록 세속에 머물지만 그 생멸법에 집착하지 아니하고, 세속 탐욕을 완전히 벗어난 것을 나타내기 때문에 가장 뛰어난 무상승無上勝이라고 한다.

가락성可樂城 동쪽이라는 것은 동녘에 해가 밝아오듯이 불일佛日을 계명啓明한다는 뜻이다. 무우림無憂林이라는 것은 부처님이 무우수無憂樹 아래에서 태어나신 것처럼 애증愛憎의 아만심이 없다는 뜻이다. 상인商人들이 둘러싸고 있다는 것은 장사로 이익을 남긴다는 뜻이 있다. 비유하자면 부처님이 상주商主가 되고, 보살들은 상인商人이 되어 법재法財로써 남들에게 이익을 주려는 것과 같다는 말이다. 무상승장자는 항상 부처님 법과 보살의 법과 성문연각의 법을 설하고, 하늘세계의 즐거운 길과 인간이 걸어가는 고락의 길과 축생이 겪는 차별의 길과 지옥에 헤매는 괴로운 길을 자세히 설한다.

詣輪那國 參師子頻申比丘尼; 妙勝光王 日光園中 八德流泉 百花寶木 頭頭映現 一一示身;
得成就一切智法門 證一切處廻向.

무루림의 보름달 꽃비로 내리다 [百花寶木]

# (24) 사자빈신비구니師子頻申比丘尼, Siṃha-vijṛmbhitā

## 여래와 중생에 대해서 분별심을 여의다

[해설]  선재동자는 수나국輪那國 가릉가림성迦陵迦林城에 이르러서 사자빈신비구니師子頻申比丘尼를 친견하였다. 승광왕勝光王이 보시한 일광日光 동산에서 법을 설하여 한량없는 중생을 이익되게 하였다. 일광동산에는 칠보로 된 연못에 금모래가 깔리고, 팔공덕수八功德水가 넘쳐흐르고, 잎나무, 꽃나무, 과실나무, 마니보배나무, 음악나무, 의복나무, 향나무가 즐비하였고, 갖가지 영롱한 보배풍경이 저마다 아름다운 모습을 나타내었다. 여래와 중생에 대한 분별심을 여읜 성취일체지법문成就一切智法門을 얻었으며, 가지 못할 곳이 없는 지일체처회향至一切處廻向을 증득하였다.

사자빈신비구니는 제24 지일체처회향至一切處廻向 선지식으로 속세로 들어가지만 진리를 품었기에 오염되지 않는 자비를 나타낸다. 언제나 기쁜 마음을 지니며, 사자처럼 당당하게 어떤 두려움도 없어서 가지 못 할 곳이 없음을 나타낸다. 비구니比丘尼가 표하는 바는 순수하고 청정한 자비로써 두루 보살핀다는 뜻이다.

수나輪那는 번역하면 용맹勇猛이며, 가릉가迦陵迦는 투쟁을 해서 이긴다는 뜻이다. 전쟁을 하는 것처럼 진취적으로 선근을 심는 것을 나타낸다. 용맹한 정진력이 있으면 어떤 악조건에 처하더라도 선근을 심는 일에 주저하지 않는다. 강력한 믿음과 확실한 이해가 있기에 큰 지혜로 모든 장애를 없애고, 선근을 닦아서 미치지 않는곳이 없다.

진 로 형 탈 사 비 상
**塵勞逈脫事非常**  번뇌에서 멀리 벗어나는 것 예삿일 아니다

긴 파 승 두 주 일 장
**緊把繩頭做一場**  단단히 화두를 잡고 한 바탕 공부를 지어보자

불 시 일 번 한 철 골
**不是一番寒徹骨**  한 차례 모진 추위가 뼈에 사무치지 않으면

쟁 득 매 화 박 비 향
**爭得梅花撲鼻香**  어찌 매화가 코를 찌르는 향기를 토할 수 있으리

『黃檗斷際禪師宛陵錄』

99

詣險難國 參婆須蜜多女; 現眞金色 身出光明 或現或觸 無染無著 了性欲空 皆獲道果;
得離貪慾際法門 證功德藏廻向.

험난국에 살아도 미인은 거룩하다 [了性欲空]

# (25) 바수밀다녀婆須蜜多女, Vasumitrā

## 바라만 봐도 탐욕이 사라지는 해탈을 성취하다

[해설] 선재동자는 험난국險難國 보장엄성寶莊嚴城에 이르러서 바수밀다婆須蜜多 여인을 친견하였다. 궁궐 같은 집에 살림살이가 풍족하였고, 금빛 피부에 용모가 단정하고 모습이 원만하였으며, 음성이 빼어나게 아름다워 욕계의 사람이나 천신들로는 비교할 수 없었다. 문리文理를 통달하여 담론談論에 능란하였고, 권속과 복덕을 구족하여 다함이 없었으며, 몸에서 광대한 광명을 놓아 집안에 널리 비추면 광명을 받은 이는 모두 몸이 시원하고 상쾌해졌다. 바수밀다녀를 잘 모르는 사람들은 의심하였지만 바수밀다녀를 잘 알고 있는 사람들은 선재동자에게 시장 북쪽에 있는 집을 가르쳐주면서 정말 제대로 된 법문을 배울 수 있을 거라고 말하였다.

바수밀다녀는 천신天神이 오면 천녀가 되어주고, 인비인人非人이 오면 인비인의 여인이 되어주고, 애욕을 탐하는 이가 오면 탐욕을 없애주고, 혹은 바라보고, 함께 앉고 손잡고, 입 맞추고, 포옹하기도 하지만 오염되지 않고 탐착이 사라지게 하며, 성욕性欲이 공한 줄 알고 모두 도과道果를 얻게 하였다. 전생에 문수사리동자의 가르침을 받고 발심하여 남편과 함께 부처님께 보배 돈 한 푼을 공양한 인연으로 복을 누렸다. 탐욕 속에 살지만 탐욕의 경계를 벗어난 이탐욕제법문離貪慾際法門을 얻었으며, 다함이 없는 무진공덕장회향無盡功德藏廻向을 증득하였다.

바수밀다녀는 제25 무진공덕장회향無盡功德藏廻向 선지식으로 세상의 여러 부류에 맞추어 물들지 않는 물듦으로 사는 것을 표한다. 세우世友 또는 천우天友라고도 번역한다. 인천人天의 스승이자 벗이 되어서 알맞은 방편으로 교화하는 까닭이다.

詣善度城 參鞞瑟胝羅居士; 如來塔開 栴檀香座 百千諸佛 悉來此中 無涅槃者 但爲調伏;
得不般涅槃際法門 證善根廻向.

열반을 취하면 보살행이 아니다 [不般涅槃際]

# (26) 비슬지라거사鞞瑟胝羅居士, Veṣṭhila

## 혼자만 열반에 들지 않고 중생을 제도하다

[해설]  선재동자는 선도성善度城에서 비슬지라거사鞞瑟胝羅居士를 친견하였다. 비슬지라거사는 전단좌栴檀座 여래의 탑이 열릴 때 불종무진佛種無盡 삼매를 얻었으며, 수많은 부처님이 이 가운데로 다 오셔서 모두 열반을 보이지만, 실제 열반에 드신 분은 없고 오직 중생을 조복하기 위한 방편이었다. 열반에 들어감에 집착함이 없는 불반열반제법문不般涅槃際法門을 얻어서, 중생근기에 맞춰주는 수순견고일체선근회향隨順堅固一切善根廻向을 증득하였다.

비슬지라거사는 제26 수순견고일체선근회향隨順堅固一切善根廻向 선지식으로 안주장자安住長者라고 번역한다. 세속에 들어가서 지혜와 자비로 광대한 모든 법문으로 중생을 포섭하여 견고한 선근을 성취함을 표한다. 비슬지라는 편안하게 포용한다는 포섭包攝의 뜻이다. 자기 혼자만의 열반에 들지 않고 모든 중생을 제도하는 법을 배운다.

여 수 이 멸 번 뇌 화
**汝雖已滅煩惱火**　　그대는 번뇌의 불이 꺼졌더라도

세 간 혹 염 유 치 연
**世間惑焰猶熾然**　　세간에 미혹은 아직도 치성하니

당 념 본 원 도 중 생
**當念本願度衆生**　　본래 원력을 돌이켜 중생을 건지어

실 사 수 인 취 해 탈
**悉使修因趣解脫**　　바라밀행을 닦게 하여 해탈케 하라

『華嚴經』「十地品」

詣補怛洛迦山 參觀自在菩薩; 諸菩薩衆 各坐寶石 猶如滿月 共演慈音 說離怖畏 隨宜攝化;
得大悲行法門 證隨順衆生廻向.

대비심으로 중생의 두려움을 없애다 [說離怖畏]

# (27) 관자재보살觀自在菩薩, Avalokiteśvara

## 일념에 모든 삼매를 알며 대비심을 행하다

[해설]   선재동자는 보타낙가산補怛洛迦山에 이르러 관자재보살觀自在菩薩을 친견하였다. 여러 보살들이 각기 보석 위에 앉았는데 마치 환한 보름달과 같았다. 모두 대자대비한 법을 연설하여 두려움을 여의게 하였으며 마땅함을 살펴서 교화하였다. 두려움을 없애주며 크게 가엾이 여기는 대비행법문大悲行法門을 얻었으며, 모든 중생을 평등하게 보살피는 등수순일체중생회향等隨順一切衆生廻向을 증득하였다.

관자재보살은 제27 등수순일체중생회향等隨順一切衆生廻向 선지식으로 일체의 선근을 증장하여 모든 중생에게 이익을 주는 대비大悲를 표한다. 관자재보살이 상주하는 보타낙가산은 소백산小白山이라고 번역한다. 그 산에는 만다리화라고 불리는 소백화수小白華樹라는 나무가 많아서 멀리서 보면 눈이 내린 것처럼 희고 향기가 멀리까지 풍겼다. 화엄경 소초疏鈔와 합론合論에 자세히 나온다.[27] 그런 연유로 관자재보살을 백의관음白衣觀音이라고도 하며, 관자재보살의 도량을 백화도량白華道場이라고도 한다. 화엄종주 의상대사가 귀국하여 강원도 양양 낙산사에서 지은 '백화도량참회문白花道場懺悔文'이 있기도 하다. 낙산은 보타낙가산을 줄인 말이다. 또 최초로 화엄경을 설한 영주 부석사에서 보이는 소백산은 관자재보살이 상주한다고 일컬어진다.

<br>

백 의 관 음 무 설 설
**白衣觀音無說說**   백의관음은 말씀 없이 말하시고

남 순 동 자 불 문 문
**南巡童子不聞聞**   선재동자는 들음 없이 듣는구나

병 상 녹 양 삼 제 하
**瓶上綠楊三際夏**   물병에 버들가지 언제나 여름이요

암 전 취 죽 시 방 춘
**巖前翠竹十方春**   뜨락에 대나무 한결같은 봄날일세

---

27) 補怛洛迦山：此云小白華樹, 山多此樹, 香氣遠聞, 聞見必欣, 是隨順義.『華嚴經疏』
補怛洛迦山：此云小白華樹山, 爲此山多生白華樹, 其華甚香, 香氣遠及. 爲明此聖者, 修慈悲行門,
以謙下極小爲行也.『華嚴經合論』

此空中 參正趣菩薩; 放大光明 映奪諸相 以足按地 六種震動 過微塵國 事無量佛;

得普門速疾行 證眞如相廻向.

자비가 익으니 지혜가 돋아나다 [事無量佛]

# (28) 정취보살正趣菩薩, Ananya-gāmin

## 법과 재물을 널리 베풀어 속히 건지고 조복하다

[해설] 선재동자는 사바세계 윤위산輪圍山 꼭대기에서 정취보살正趣菩薩을 친견하였다. 관자재보살이 자기를 생각하거나, 이름을 부르거나, 몸을 보기만 해도, 모든 공포를 면하고, 발심하게 한다는 서원을 마친 직후에 정취보살이 동방 묘장세계妙藏世界로부터 왔다. 두 발로 윤위산 꼭대기를 누르니 대지大地가 여섯 가지로 진동하였으며, 몸에서 광명을 놓으니 해와 달과 뭇별들이 빛을 잃었으며, 제석천과 천룡팔부의 광명조차 먹덩이처럼 검게 보였다. 법과 재물을 널리 베풀어 여러 방편으로 속히 건지고 조복하는 보문속질행법문普門速疾行法門을 얻었으며, 모든 집착을 벗어난 진여상회향眞如相廻向을 증득하였다.

정취보살은 제28 진여상회향眞如相廻向 선지식으로 정지正智를 나타낸다. 선재동자가 관자재보살을 친견했을 때 정취보살이 스스로 허공으로부터 왔다. 기다리지 않아도 저절로 친견하여 이성二聖이 함께 하니 관자재보살의 자비와 정취보살의 지혜가 가지런히 원만함을 나타낸다.

「지말법회」 53선지식 중에 다섯 분의 보살을 친견하는데 법문내용은 세 대목으로 나눌 수 있다. 처음 대목은 복성福城 동쪽 사라림에서 근기가 하열한 중생을 위해 (0)문수보살이 신심을 일으키는 법문이며, 중간 대목은 보타낙가산에서 (27)관자재보살과 (28)정취보살의 대비심과 지혜를 의지하여 점진적으로 수행하게 하는 법문이며, 마지막 대목은 비로장누각과 소마나성과 금강도량에서 (51)미륵보살과 (52)문수보살과 (53)보현보살을 차례대로 만나면서 선재동자가 세 번의 마정수기를 받고 수행을 원만하게 성취하는 법문이다. 지말법회 53선지식 법문 중에서도 다섯 보살에게 얻는 세 대목 법문은 가장 중요한 근간이다.

詣墮羅鉢底城 參大天神; 長伸四臂 取四海水 以自灌沐 示現珍寶 供養如來 令離諸欲;
得雲網法門 證福德藏廻向.

업장이 사라져 저절로 보살을 만나다 [以自灌沐]

# (29) 대천신大天神, Mahā-deva

## 산더미 같은 칠보와 꽃과 향을 구름처럼 보시하다

[해설]  선재동자는 모든 성문에 빗장이 없는 타라발저성墮羅鉢底城에 이르러 대천신大天神을 친견하였다. 대천신이 네 개의 팔을 길게 뻗어서 사해四海의 물을 취하여 스스로 얼굴을 씻었다. 그리고 황금 꽃을 선재에게 흩고는 말하기를 모든 보살은 친견하기 어렵고, 듣기 어렵고, 세간에 나오는 일이 드물어서, 중생들 가운데 가장 제일이며, 모든 사람들 중에 하얀 연꽃이다. 다시 선재의 앞에 산더미 같은 진기한 칠보와 귀한 꽃과 묘향을 주면서 부처님께 공양하라고 말하였다. 이와 같이 모든 중생에게도 일일이 챙겨주면서 부처님께 공양하게 하고 잡된 욕망을 없애고 발심하게 한다고 하였다. 구름 같은 보배를 나타내는 운망법문雲網法門을 얻었으며, 속박과 집착을 벗어난 복덕장회향福德藏廻向을 증득하였다.

대천신은 제29 무박무착해탈회향無縛無著解脫廻向 선지식으로 모든 법에 집착함이 없는 해탈한 마음을 얻고 선법善法 회향으로 보현행을 수행함을 표한다. 이치에 맞게 널리 응함으로 대大라고 하며, 지혜가 청정하고 자재하므로 천天이라 하고, 묘용妙用을 헤아리기 어려우므로 신神이라고 한다. 타라발저墮羅鉢底는 번역하면 유문有門이며, 모든 번뇌에 매이지 않는 무박무착無縛無著으로 청정한 지혜가 자유자재한 지정자재智淨自在 등의 미묘한 법문의 방편을 갖추었다는 뜻이다.

設於念念中　설령 생각 생각마다
供養無量佛　무량한 부처님께 공양한대도
未知眞實法　진실한 법 알지 못하면
不名爲供養　공양이라 말할 수 없도다

『華嚴經』「兜率天宮偈讚品」

詣菩提道場 參安住地神; 各放光明 阿僧祇寶 悉皆涌現 昔善根力 佛記無忘;
得智慧藏法門 證法界無量廻向.

한 개의 태양에 모든 곡식이 익어지다 [佛記無忘]

# (30) 안주지신安住地神, Sthāvarā

## 모든 아만을 깨뜨리고 편안한 지혜를 성취하다

[해설]  선재동자는 마가다국[摩竭提國] 보리도량에서 안주지신安住地神을 친견하였다. 안주지신의 처소에 이르니 백만의 주지신主地神들이 함께 말하기를 여기에 오는 선재동자는 곧 부처님의 창고[佛藏]이니 반드시 일체 중생의 의지처가 되며, 일체 중생의 무명의 껍데기를 깨뜨리며, 이미 법왕의 종성 가운데 태어났으니 마땅히 때를 여의고 걸림 없는 법의 비단을 그의 머리에 쓰며, 마땅히 지혜의 큰 보배창고를 열고 모든 삿된 이론과 외도들을 꺾을 것이라고 하였다.

그리고 백만 명의 지신地神들이 광명을 놓고, 아승지 보배창고를 솟아오르게 하였다. 그것은 선재동자가 지난 날 그 땅에서 닦았던 선근의 힘이며, 부처님이 수기受記를 잊어버리지 않은 것이다. 안주지신은 무너지지 않는 불가괴지혜장법문不可壞智慧藏法門을 얻었으며, 한량없는 법계 중생에게 이익을 주는 법계무량회향法界無量廻向을 증득하였다.

안주지신은 제30 입법계무량회향入法界無量廻向 선지식으로 자비의 바탕이 대지大地처럼 넓고도 넓어서 만물을 수용하고 길러주는 것을 나타낸다. 마가다[摩竭提]는 악독함이 없다는 뜻이다. 저절로 감응하며, 저절로 가득하므로 신神이라고 한다. 이상은 모두 무르녹은 지혜와 한 몸처럼 여기는 자비의 융지동비融智同悲의 광대한 원력의 열 가지 회향법문이다. 좁은 의미에서 보면 천신天神은 지혜에 비유하고, 지신地神은 자비에 비유할 수 있다. 지혜와 자비가 원만히 갖추어졌으므로 다음 단계의 십지十地 법문으로 나아갈 수 있다. 보현행의 착한 법 수행을 성취한 안주지신에게 보현행으로 모든 아만을 깨뜨리는 편안한 지혜를 얻는 법을 배운다.

# 寄十地位

| 參 | 本 | 善知識 | 處 所 | 法 門 |
|---|---|---|---|---|
| | 60 | 婆娑婆陀夜天 | 閻浮提迦毘羅婆城 | 菩薩光明普照諸法壞散衆生愚癡法門 |
| 31 | 80 | 婆珊婆演底主夜神 | 摩竭提國迦毘羅城 | 菩薩破一切衆生暗法光明解脫法門 |
| | 40 | 春和主夜神 | 摩竭國菩提樹王恒河北岸迦毘羅城 | 菩薩教化調伏破一切衆生癡暗法光明解脫門 |
| | 60 | 甚深妙德離垢光明夜天 | 閻浮提摩竭提國 | 菩薩寂滅定樂精進法門 |
| 32 | 80 | 普德淨光主夜神 | 摩竭提國菩提場 | 菩薩寂靜禪定樂普遊步解脫法門 |
| | 40 | 普遍吉祥無垢光主夜神 | 摩竭國菩提樹王恒河南岸摩竭國菩提場中 | 菩薩寂靜禪定樂普遊步勇猛解脫門 |
| | 60 | 喜目觀察衆生夜天 | 菩提場如來右面 | 正受菩薩普光喜幢法門 |
| 33 | 80 | 喜目觀察衆生主夜神 | 菩提場右邊 | 大勢力普喜幢解脫法門 |
| | 40 | 喜目觀察一切衆生主夜神 | 菩提樹王道場右面 | 大速疾力普喜幢無垢解脫門 |
| | 60 | 妙德救護衆生夜天 | 菩提場佛衆中 | 顯現菩薩教化一切世間法門境界 |
| 34 | 80 | 普救衆生妙德主夜神 | 如來會中 | 普現一切世間調伏衆生解脫法門 |
| | 40 | 普救護一切衆生威德吉祥主夜神 | 卽如來大衆會中 | 菩薩普現一切世間調伏衆生解脫門 |
| | 60 | 寂靜音夜天 | 菩提場 | 菩薩無量歡喜莊嚴法門 |
| 35 | 80 | 寂靜音海主夜神 | 於會中 | 念念出生廣大喜莊嚴解脫法門 |
| | 40 | 具足功德寂靜音海主夜神 | 去此不遠菩提場中 | 念念速疾出生廣大歡喜莊嚴解脫門 |

# 寄十地位

| 參 | 本 | 善知識 | 處所 | 法門 |
|---|---|---|---|---|
| | 60 | 妙德守護諸城夜天 | 菩提場如來衆中 | 甚深妙德自在音聲法門 |
| 36 | 80 | 守護一切城增長威力主夜神 | 菩提場如來會中 | 甚深自在妙音解脫法門 |
| | 40 | 守護一切城增長威德主夜神 | 卽菩提場如來清淨圓滿會中 | 甚深自在可愛妙音解脫 |
| | 60 | 開敷樹華夜天 | 菩提場佛衆中 | 無量歡喜知足光明法門 |
| 37 | 80 | 開敷一切樹華主夜神 | 菩提場如來會中 | 出生廣大光明解脫法門 |
| | 40 | 能開敷一切樹華安樂主夜神 | 卽菩提場佛衆會中 | 菩薩出生廣大歡喜調伏衆生藏普光明解脫門 |
| | 60 | 願勇光明守護衆生夜天 | 菩提道場 | 隨應化覺悟衆生長養善根法門 |
| 38 | 80 | 大願精進力救護一切衆生主夜神 | 菩提場如來會中 | 出生廣大光明解脫法門 |
| | 40 | 守護一切衆生大願精進力光明主夜神 | 菩提場如來會中 | 菩薩普化衆生令生善根解脫門 |
| | 60 | 妙德圓滿夜天 | 流彌尼園林 | 菩薩無量境界受生自在法門 |
| 39 | 80 | 妙德圓滿嵐毘尼林神 | 嵐毘尼園 | 菩薩於無量劫遍一切處示現受生自在解脫法門 |
| | 40 | 妙威德圓滿愛敬林神 | 卽閻浮提從菩提樹恒河西北迦毘羅城嵐毘尼林 | 菩薩於無量劫遍一切處示現受生自在神變解脫法門 |
| | 60 | 釋迦瞿夷女 | 迦毘羅城 | 分別觀察一切菩薩三昧海法門 |
| 40 | 80 | 釋迦瞿波女 | 迦毘羅城 | 觀察菩薩三昧海解脫法門 |
| | 40 | 瞿波釋種女 | 卽西南迦毘羅城 | 觀察菩薩大三昧海微細境界解脫門 |

※ 60권본, 80권본, 40권본 화엄경 선지식 이름과 장소가 서로 다른 것은 붉은색으로 표기

# 寄十地位

| 參 | 善知識 | 佛國禪師　讚 | | 韻 | |
|---|---|---|---|---|---|
| 31 | 迦毘羅城<br>婆珊婆演底主夜神 | 西落金烏夜放光<br>密雲重霧行平陸<br>便向暗中懸日月<br>已知多劫成方便 | 迦毘羅國現熒煌<br>暴雨瓢風涉渺茫<br>却來嶮處架橋梁<br>今日相逢喜一場 | 光<br>煌<br>茫<br>梁<br>場 | 陽<br>仄起式 |
| 32 | 菩提場<br>普德淨光主夜神 | 自喜求師不遠尋<br>翻思昔日聞談妙<br>十種法門圓聖智<br>又能寂靜還遊步 | 不離場內聽潮音<br>未似今宵得意深<br>四禪分別合天心<br>離垢花開向少林 | 尋<br>音<br>深<br>心<br>林 | 侵<br>仄起式 |
| 33 | 不離菩提場<br>喜目觀察衆生主夜神 | 諸方堂奧足參人<br>念念出生成念海<br>他心智妙智非智<br>幾劫辛勤求大用 | 子細尋思未似君<br>身身示相現身雲<br>天耳聞通聞不聞<br>而今勢力頓超群 | 君<br>雲<br>聞<br>群 | 文<br>平起式 |
| 34 | 即衆會中<br>普救衆生妙德主夜神 | 眉裏舒毫灌頂時<br>論心境界重重現<br>妙眼我身何有異<br>普賢普焰今何在 | 淨輪三昧合如之<br>說佛光明漸漸知<br>寶王慈氏更無疑<br>雪滿長空花滿枝 | 時<br>之<br>知<br>疑<br>枝 | 支<br>仄起式 |
| 35 | 即道場中<br>寂靜音海主夜神 | 百萬僧祇衆遶身<br>從來念念出生喜<br>我見我觀無量境<br>略言師友逢多少 | 摩尼幢座涌蓮新<br>發起心心觸處真<br>成雲成海有前因<br>二利如來是故人 | 身<br>新<br>真<br>因<br>人 | 眞<br>仄起式 |

論心境界重重現　①重 무겁다(去, 宋), ②重 거듭(平, 冬)

# 寄十地位

| 參 | 善知識 | 佛國禪師　讚 | | | 韻 |
|---|---|---|---|---|---|
| 36 | 如來會中<br>守護一切城主夜神 | 寶座光中普現身<br>我觀法界無邊表<br>行法名輪重演說<br>妙音雖是胡家拍 | 又開佛藏濟生民<br>誰信陀羅有利人<br>聞思修慧再宣陳<br>韻出陽春雪曲新 | 身<br><br>人<br><br>陳<br><br>新 | 民<br>人<br>陳<br>新 | 眞<br>仄<br>起<br>式 |
| 37 | 佛會中<br>開敷樹華主夜神 | 闇裏花生盡護歸<br>愚迷羅網刀摧後<br>智慧山王騰化日<br>算來已是經多劫 | 不令嶮路受驅馳<br>貪染稠林杵挫之<br>寶光明女發心時<br>遠地相逢也深奇 | 馳<br>之<br>時<br>奇 | 支<br>仄<br>起<br>式 |
| 38 | 道場中<br>大願精進力救護衆生<br>主夜神 | 太子當年救罪人<br>十千信士心離垢<br>妙色瑩如秋色靜<br>寶光佛出林中後 | 而今普現一多身<br>百億那由眼絕塵<br>智輪明似日輪新<br>又見曇華幾度春 | 人<br>身<br>塵<br>新<br>春 | 眞<br>仄<br>起<br>式 |
| 39 | 嵐毘尼園<br>妙德圓滿主夜神 | 逢君直語受生因<br>一念盡觀塵數佛<br>欲知今日園林主<br>別有世間曾未見 | 便作如來家裏人<br>十方同看降威神<br>便是當年乳母身<br>一行一步一華新 | 因<br>人<br>神<br>身<br>新 | 眞<br>平<br>起<br>式 |
| 40 | 法界講堂<br>釋迦瞿波女 | 因遊法界講堂中<br>盡說目前千萬事<br>法雲容曳舒群岳<br>檢點人生成好笑 | 逢見瞿波女不同<br>又云塵劫許多功<br>教網張羅滿太空<br>香牙園裏杏花紅 | 中<br>同<br>功<br>空<br>紅 | 東<br>平<br>起<br>式 |

寶樹園林間寶牆　別有世間曾未見　①間 섞이다(去, 諫), ②間 사이(平, 删)

詣迦毘羅城 參婆珊婆演底主夜神; 諸天星辰 炳然在體 雲霧黑暗 現日月明 巇嶮惡道 作橋梁路;
得破癡暗光明法門 證歡喜地.

찬바람이 불기 전에 고개를 숙이다 [作橋梁路]

## (31) 바산바연저주야신婆珊婆演底主夜神,
## Vāsanta-va-yanti

# 무명을 없애는 법의 광명을 성취하다

[해설] 선재동자는 마가다국[摩竭提國] 가비라성에 이르러서 바산바연저주야신婆珊婆演底主夜神을 친견하였다. 하늘에 무수한 별들이 몸에서 밝게 빛났으며, 먹구름 안개와 캄캄한 어둠에 갇힌 중생에게는 해와 달처럼 빛이 되어주고, 험한 악도에 헤매는 중생에게는 건널 수 있는 다리가 되어주었다. 일체 중생의 어리석은 어둠을 깨뜨리는 파애암광명법문破礙暗光明法門을 얻었으며, 환희지歡喜地를 증득하였다.

바산바연저주야신은 제31 환희지歡喜地 선지식으로 만행萬行을 생장하여 중생을 호념護念한다. 바산婆珊은 봄[春]이며, 바연저婆演底는 주당主當의 뜻이다. 봄에 씨를 뿌리고 모종을 심는 것을 주관한다는 뜻이다. 경에 이르기를 '보살이 여러 바라밀행을 청정하게 행하면 모든 불법佛法이 따라서 생겨난다.'라고 하였다.

십지十地의 지위에 있는 주야신主夜神의 이름들이 유독 길고 많은 것은 증득한 지혜가 현묘玄妙하여 상相을 여의고 어두운 망상妄想을 없애는 것을 표한다. 실제로 자기 마음에 거룩한 성품이 있음을 처음 알게 되는 순간, 인생에 대한 의욕은 저절로 불타오르며 주객主客의 상황에 구애받지 않고, 더불어 살아가는 사람에게 조건 없는 따스한 봄바람이 되어준다. 법광명 환희를 성취한 바산바연저주야신에게 무명을 없애는 법광명을 배운다.

십지보살 초지初地를 환희지歡喜地, 정심지淨心地라고 한다. 원효스님의 기신론 해석을 빌리면 정심지에서 비로소 생멸인연의 무상함을 체득하게 되고, 오온五蘊이 공함을 알아서 분별사식分別事識이 끊어지고, 뿌리박힌 아집 덩어리가 녹기 시작하면서 집착이 줄어들고, 청정한 진심으로 돌아가는 법신보살의 길이 열린다고 하였다.

詣菩提道場 參普德淨光主夜神; 十種聖智 四禪定心 三寶威光 五停識觀 開出家門 示正道路;
得普遊步法門 證離垢地.

선정을 얻은 후에 바라밀이 꽃피다 [示正道路]

# (32) 보덕정광주야신普德淨光主夜神,
## Samanta-gambhīra-śrī-vimala-prabhā

# 선정의 즐거움으로 착한 업을 증장시키다

[해설] 선재동자가 마가다국[摩竭提國] 보리도량에 이르러서 보덕정광주야신普德淨光主夜神을 친견하였다. 열 가지 거룩한 지혜와 네 가지 선정심과 삼보三寶의 위광으로 다섯 가지 정심관定心觀을 밝혔으며, 출가자의 방편문을 열고, 정도의 길을 나타내었다. 보유보법문普遊步法門을 얻었으며, 이구지離垢地를 증득하였다.

보덕정광주야신은 제32 이구지離垢地 선지식으로 청정한 지계持戒바라밀을 갖추어 미세하게 일어나는 번뇌의 흐름마저 끊었으므로 깨달음 자체를 표한다. 말하자면 진리에 계합하여 집착이 없음으로 적정寂靜을 삼고, 사마타와 비파사나를 겸하여 닦음으로 선정禪定을 삼으며, 정법에 편안히 머무는 것을 낙樂으로 삼고, 무한한 포용심으로 큰 행보를 삼았으며, 오랜 세월을 지나도록 바산바연저주야신의 스승이었다. 깨끗한 청정계율을 성취한 보덕정광주야신에게 선정의 즐거움으로 착한 업을 증장시키는 법을 배운다.

모든 일을 복스럽게 하고 욕심을 버리면 온갖 잡냄새를 제거하는 향처럼 된다. 세상에 모든 나무가 향기를 간직하고 있어서 꽃과 열매와 줄기까지 향기로운 것과 같다. 말과 행실이 깨끗하고 품위를 지킬 줄 아는 사람은 새벽마다 일찍 일어나서 스스로 양심을 다진다.

새로 복을 짓는 작복作福도 중요하지만, 가진 복을 아낄 줄 아는 석복惜福을 실천해야 비로소 탐진치의 허망한 집착에서 점차 벗어날 수 있다. 외모와 언행을 다듬는 것도 아름다운 일이지만, 항상 정직한 뜻으로 마음도량을 스스로 장엄하는 내실이 보다 중요하다.

詣菩提道場 參喜目觀察衆生主夜神; 一一毛孔 涌出身雲 現相隨機 演他心智 入解脫海 誠希有事;
得大勢力普喜幢法門 證發光地.

　　　　　　밉게 보면 풀이요 곱게 보면 꽃이다 [若將除去無非草 好取看來總是花, 前笑先言]

# (33) 희목관찰중생주야신喜目觀察衆生主夜神,
## Pramudita-nayana-jagad-virocanā

## 십바라밀의 법력으로 다 즐겁게 하다

[해설]  선재동자는 마가다국[摩竭提國] 보리도량을 떠나지 않고, 희목관찰중생주야신喜目觀察衆生主夜神을 친견하였다. 낱낱의 모공毛孔에서 한량없는 몸구름을 용출하여 그 모습을 근기에 알맞게 나타내고, 타심지他心智를 연설하여 해탈의 바다에 들어가게 하였으며, 희유한 일에 정성을 다하였다. 큰 법력으로 널리 기쁘게 하는 대세력보희당법문大勢力普喜幢法門을 얻었으며, 발광지發光地를 증득하였다.

희목관찰중생주야신은 제33 발광지發光地 선지식으로 모든 번뇌를 끊어 지혜의 광명이 발현되는 경지를 표한다. 악한 것을 참고 자비로운 눈길로 중생을 바라보므로 희목喜目이라 하고, 문혜聞慧와 사혜思慧와 수혜修慧를 닦는 까닭으로 관찰觀察이라 한다. 마음에 환희로움을 얻은 사람은 눈길이 부드럽고 바라밀행으로 자신의 능력을 무한정 베풀어 주려는 원력이 생긴다. 마치 산에 약초를 아무리 캐내어도 다 캐낼 수 없듯이 그렇게 끝없이 실천한다. 적당하게 하는 것이 아니라 억지로 기회와 구실을 만들어 도움을 받는 사람이 곤란함을 느끼지 않도록 풍성하게 한다.

[經文]  "선남자여, 그대는 어떻게 생각하는가. 그때 전륜성왕으로서 이름이 시방주十方主인 부처님의 종성을 이은 이가 어찌 다른 사람이겠는가. 곧 문수사리동자가 그분이시며, 그때 나를 깨우쳐준 주야신은 보현보살이 화현하신 것입니다. 나는 그때 왕의 딸로서 그 주야신이 나를 깨우쳐서 나로 하여금 부처님을 뵈옵고 아뇩다라삼먁삼보리심을 내게 하는 가피를 입었습니다."

即衆會中 參普救衆生妙德主夜神; 兩眉放光 舒身濟頂 大人境界 知佛現時 普焰出世 妙眼發心;
得調伏衆生法門 證焰慧地.

알맹이와 껍데기는 서로서로 소중하다 [大人境界]

# (34) 보구중생묘덕주야신普救衆生妙德主夜神,
## Samanta-sattva-trāṇojaḥ-śrī

# 때와 장소에 알맞게 교화하다

[해설]  선재동자는 마가다국[摩竭提國] 보리도량 여래회중에서 보구중생묘덕주야신 普救衆生妙德主夜神을 친견하였다. 보구중생묘덕신이 미간에서 큰 광명을 놓아서, 세간을 비춘 후 선재동자의 정수리로 들어갔다. 대인의 경계를 보게 하였으며, 부처님이 출현하실 때 큰 광명이 세상에 나와서 교묘한 지혜로 중생을 발심하게 하였다. 때와 장소를 살펴 알맞게 중생을 교화하는 조복중생해탈법문調伏衆生解脫法門을 얻었으며, 염혜지焰慧地를 증득하였다.

보구중생묘덕주야신은 제34 염혜지焰慧地 선지식으로 불꽃처럼 솟아난 지혜로 번뇌를 없애고, 대비심大悲心을 길러서 훌륭한 묘덕을 베푸는 것을 표한다. 53선지식 중에 십지에 해당하는 분들은 주로 주야신主夜神들이며, 자기의 과거생에 심은 무수한 선근으로 현재의 지혜와 복덕을 누리게 되었으므로 부지런히 수행하여 내일을 기약하기를 권한다.

[經文]  "선남자여, 어떻게 생각하는가. 그때의 비로자나장 묘보연화계 전륜성왕은 다른 이가 아니라 지금의 미륵보살이시고, 그때의 원만면圓滿面왕비는 지금의 적정음 해주야신寂靜音海主夜神이니, 지금 머무는 곳이 여기서 멀지 아니합니다. 그때의 묘덕 안동녀妙德眼童女는 곧 내 자신[普救衆生妙德]이며, 나는 그때 몸이 동녀로서 보현보살의 권고를 받고 연꽃자리 위에 있는 불상佛像을 보수한 공덕이 위없는 보리의 인연이 되어 아뇩다라삼먁삼보리심을 발하게 하였습니다. 나는 그때에 처음으로 발심하였습니다."

即道場中 參寂靜音海主夜神; 念念出生 無邊大喜之心 發起無量大悲法藏法義 如雲如海;
得出生廣大喜莊嚴法門 證難勝地.

열 달 채운 들국화 찬 서리에 피다 [出生廣大喜莊嚴]

# (35) 적정음해주야신寂靜音海主夜神,
## Praśānta-ruta-sāgaravatī

## 근기를 살펴 메아리가 따르듯이 교화하다

[해설]   선재동자는 마가다국[摩竭提國] 보리도량에서 적정음해주야신寂靜音海主夜神
을 찾아뵈었다. 생각마다 그지없이 크게 기뻐하는 마음을 출생하고, 한량없이 크게
자비로운 법장法藏과 법의法義를 일으켰는데 구름과 같고 바다와 같았다. 근기를 살
펴 메아리가 따르듯이 교화하고 생각마다 광대한 기쁨을 내는 출생광대희장엄법문出
生廣大喜莊嚴法門을 얻었으며, 모든 성문과 연각과 세간의 선근으로는 이길 수 없는 난
승지難勝地를 증득하였다.

적정음해주야신은 제35 난승지難勝地 선지식으로 속지俗智와 진지眞智의 조화를 잘
이루는 출세간의 지혜를 얻어서 자유자재한 방편으로 구하기 어려운 중생을 구하는
바다와 같은 마음을 표한다. 모든 강물이 바다에 들어가게 되면[餘水入中], 옛 이름을
버리고[皆失本名], 모두 다 한 맛이 되듯이[普同一味], 수행자는 헛된 속명俗名을 버리고
참된 불명佛名으로 살아간다.

[經文]   "선남자여, 그대는 묻기를 내가 발심한 지가 얼마나 오래 되었는가 하였거니
와 선남자여, 나는 지나간 옛적 두 세계의 미진수 겁 전에 위에서 말한 대로 청정하게
빛나는 금장엄세계[淸淨光金莊嚴世界]에서 보리수신菩提樹神이 되어 불퇴전법계음不退轉
法界音 여래의 법문을 듣고 아뇩다라삼먁삼보리심을 내었습니다. 두 불찰미진수佛刹
微塵數 겁 동안에 보살의 행을 닦았으며, 그런 뒤에 이 사바세계의 현재의 현겁賢劫에[28]
태어나서 가라구손타 부처님으로부터 석가모니 부처님에 이르기까지 모두 공양하였
습니다."

28) 현겁(賢劫) : 긴 세월을 현재는 현겁(賢劫), 과거는 장엄겁(莊嚴劫), 미래는 성수겁(星宿劫)이라고 한
다. 현재 현겁에 1000佛, 과거 장엄겁에 1000佛, 미래 성수겁에 1000佛이 탄생하신다고 한다. 3000
佛의 모불(母佛)은 53佛, 53佛의 모불(母佛)은 7佛이다.

入如來會中 參守護一切城主夜神; 普現色身 演佛法藏 聞思修慧 密赴群機 令諸含識 守護心城;
得甚深自在妙音法門 證現前地.

황금 그릇 가지면 거지 깡통 미련 없다 [守護心城]

# (36) 수호일체성주야신守護一切城主夜神, Sarva-nagara-rakṣā-sambhava-tejaḥ-śrī

## 긴 밤 홀로 깨어 마음의 성城을 지키다

[해설]  선재동자는 마가다국[摩竭提國] 보리도량 여래회중에서 수호일체성주야신守護一切城主夜神을 친견하였다. 색신을 널리 나타내어 부처님의 법장法藏을 연설하고 문혜聞慧, 사혜思慧, 수혜修慧로 다양한 중생들의 근기에 가만히 다가갔으며, 모든 중생들로 하여금 마음의 성城을 수호하게 하였다. 매우 깊고 자유자재한 묘음법문妙音法門을 얻었으며, 진여의 청정한 성품을 나타내는 현전지現前地를 증득하였다.

수호일체성주야신은 제36 현전지現前地 선지식으로 무상관無相觀을 현전시켜 만법萬法이 연기緣起로 유전하는 모습을 관찰하고, 항상 중생의 심성心城을 지켜주며 지혜의 위력을 증장시키는 것을 표한다. 긴 밤 홀로 깨어 마음의 성을 지키는 지혜를 성취하였다.

날마다 심성心城에 살면서 무엇이 그리도 부족한가. 어느 날 얼굴에서 나름대로 역할이 있는 눈코입귀가 제일 위에 있는 눈썹에 불만을 토로하였다. 왜 하는 일도 없이 가장 높은 데 있느냐고 따졌더니, 눈썹은 자기도 모르겠다고 대답하였다. 유위법과 무위법을 비유로 표현한 말이다. 유위는 인연 따라 밤낮과 바람과 구름이 오가는 것 같고, 무위는 무심한 허공과 같다. 황금밥그릇을 가진 사람은 거지의 깡통을 부러워하지 않는다. 자기 집이 세 채나 되는 사람이 사글세방에 살면 서글프지 않은가.

[經文]  "선남자여, 이와 같은 등 수미산 미진수 여래 중에 그 최후 부처님의 이름은 법계성지혜등法界城智慧燈이니, (중략) 그 후부터 세계의 미진수 겁 동안에 부처님들이 세상에 출현하시는 이들을 내가 다 공양하고 그 법을 수행하였습니다. 선남자여, 나는 그때부터 나고 죽는 밤중의 어두운 무명 속에 있는 모든 중생들 중에 홀로 깨어서 모든 중생들로 하여금 마음의 성[心城]을 수호하고, 삼계의 성[三界城]을 버리게 하며, 일제 시혜의 위없는 법의 성[無上法城]에 머물게 하였습니다."

入如來會中 參開敷一切樹華主夜神; 隨心現身 普使知見 蓮華覆合 嶮難惡道 救拔有情 令斷愛網; 得出生廣大喜光明法門 證遠行地.

험한 악도에서 온갖 꽃이 피게 하다　[蓮華覆合]

# (37) 개부일체수화주야신開敷一切樹華主夜神,
## Sarva-vṛksa-praphullana-sukha-saṃvāsā

# 번뇌의 숲을 헤치고 맑은 꽃을 피우다

[해설]  선재동자가 마가다국[摩竭提國] 보리도량 여래회중에서 개부일체수화주야신
開敷一切樹華主夜神을 친견하였다. 마음 따라 몸을 나타내어 널리 알고 보게 하나니 연
화蓮華가 부합覆合하면 험난한 악도에서 중생을 구제하여 애착의 그물을 끊어지게 한
다. 큰 기쁨의 광명을 꽃피우는 출생광대희광명법문出生廣大喜光明法門을 얻었으며, 원
행지遠行地를 증득하였다.

 개부일체수화주야신은 제37 원행지遠行地 선지식으로 무상관無相觀을 닦아 그 법력
으로 중생을 깨닫게 하는 일을 표한다. 마치 꽃을 피우고 열매를 넘치도록 맺게 하듯
이, 번뇌의 숲을 헤치고 마음의 꽃을 피우게 한다. 곡식은 따사로운 햇빛을 받아서 꽃
을 피우고, 약초는 아스라한 별빛을 모아서 꽃을 피운다.

[經文]  "선남자여, 그때에 일체법음원만개왕一切法音圓滿蓋王은 다른 사람이 아니라
지금의 비로자나 여래 응공 정등각입니다. 또 광명왕光明王은 지금의 정반왕淨飯王이
십니다. 연화광부인蓮華光夫人은 마야부인摩耶夫人이시며, 보광동녀寶光童女는 곧 내
자신[開敷一切樹華主夜神]입니다. 그 왕이 그때에 사섭법四攝法으로 섭수한 바의 중생들
은 곧 이 회상에 있는 여러 보살들입니다. 모두 아뇩다라삼먁삼보리에서 물러나지 않
고, 혹 초지初地에도 있고 내지 제십지第十地에도 있으면서 여러 가지 큰 서원을 갖추
고, 여러 가지 도道를 돕는 법을 모으고, 여러 가지 묘한 행을 닦아서, 여러 가지 장엄
을 갖추고, 여러 가지 신통을 얻고, 여러 가지 해탈에 머물러 있으면서 이 법회 가운데
여러 가지 묘한 법의 궁전에 거처하고 있습니다."

詣道場中 參大願精進力救護衆生主夜神; 隨機隨像 一身多身 妙色妙智 如日如月 普救罪人
獲心眼淨; 得敎化衆生令生善根法門 證不動地.

　　　　　　　　　　　　　　종잣돈이 넉넉해야 큰돈을 벌 수 있다 [現日月星宿影像身]

## (38) 대원정진력구호주야신大願精進力救護主夜神,
## Sarva-jagad-rakṣī-praṇidhāna-vīrya-prabhā

# 쉼 없는 교화로써 큰 원력을 만족하다

[해설] 선재동자가 마가다국[摩竭提國] 보리도량에서 대원정진력구호일체중생주야신大願精進力救護一切衆生主夜神을 친견하였다. 근기를 따르고 형상形像을 따라 한 몸과 여러 몸의 묘색妙色을 나타내고, 묘한 지혜는 해와 같고 달과 같으며, 널리 죄인을 구제하고 심안心眼의 청정을 얻었다. 중생을 교화하여 선근을 내게 하는 교화중생영생선근법문敎化衆生令生善根法門을 얻었으며, 무생법인의 부동지不動地를 증득하였다.

대원정진력구호일체중생주야신은 제38 부동지不動地 선지식으로 거의 완전한 진여심眞如心을 얻어서, 눈앞의 경계에 무심하여 조금의 동요도 일으키지 않는 경지로 무공용지無功用地의 지혜가 끊임없이 일어나서, 다시는 번뇌에 동요되지 않는 정민精敏한 자리를 표한다. 쉼 없는 교화로써 대원력을 만족한다. 용이 얕은 도랑물에 살면 새우에게도 얕보이고, 범이 산 아래 마을에 어슬렁거리면 개에게도 업신여김을 받게 된다.

[經文] "선남자여, 그때의 선복태자가 어찌 다른 사람이겠습니까. 내 자신[大願精進力救護主夜神]입니다. 불자여, 마땅히 아십시오. 나는 그때에 다만 일체 중생을 이익되게 하려 하였을 뿐이고, 삼계에 애착하지도 않고, 과보를 구하지도 않고, 명예를 탐하지도 않고, 자기는 칭찬하고 남은 훼방하지도 않았으며, 모든 경계에 대하여 탐내어 물들지도 않고 두려워함도 없었으며, 다만 대승으로 벗어날 길을 장엄하고, 항상 일체 지혜의 문을 관찰하기를 좋아하면서 고행을 닦아 이 해탈을 얻었습니다. (중략) 그때 나를 해하려던 오백 대신이 어찌 다른 사람이겠습니까. 지금의 제바달다의 오백 무리이니, 이 모든 사람들도 부처님의 교화를 받고 다 같이 마땅히 아뇩다라삼먁삼보리를 얻을 것입니다."

至嵐毘尼林 參妙德圓滿主夜神; 普觀十方 一切佛降 往劫乳母 今朝園主 悟受生藏 生如來家;
得受生自在法門 證善慧地.

우담바라 꽃향기 룸비니에 퍼지다 [則生如來家]

# (39) 묘덕원만룸비니림신妙德圓滿嵐毘尼林神, Su-tejo-maṇḍalarati-śrī

## 곳곳마다 골고루 비추는 태양처럼 원만하다

[해설]  선재동자는 가비라 동쪽 염부제 룸비니림[嵐毘尼林]에서 묘덕원만룸비니림신妙德圓滿嵐毘尼林神을 친견하였다. 시방 일체제불의 탄생을 널리 관하니, 과거 생에 유모乳母가 지금의 룸비니동산의 주인이며, 수생장受生藏을 깨달아 여래의 가문에 태어났다. 태어남에 자재한 열 가지의 수생자재법문受生自在法門을 얻었으며, 사무애지四無礙智가 원만한 선혜지善慧智를 증득하였다.

묘덕원만룸비니림신은 제39 선혜지善慧地 선지식으로 부처님의 십력十力을 얻어 중생을 교화하는 경지를 터득하여 지혜의 작용이 자재한 자리를 표한다. 곳곳마다 공평하게 비추는 태양같이 원만한 법을 설한다. 룸비니림嵐毘尼林은 번역하면 낙승원광樂勝圓光이다. 아름다운 꽃과 열매[花果]가 가득한 숲으로 옛적에 천녀가 하생下生한 곳이라고 한다. 청산을 매입하면 흰 구름과 맑은 바람과 밝은 달이 공짜로 얻어지듯이, 덕행이 원만해지면 귀한 일들이 저절로 찾아온다.

[經文]  "선남자여, 이 세계에서 마야부인이 비로자나 여래의 어머니가 되는 것처럼 저 세계에서는 희광喜光부인이 첫 부처님의 어머니가 되신 것도 또한 이와 같았습니다. 그때 유모가 있었는데 이름이 정광淨光이었습니다. 유모가 그 곁에 있었는데 이미 목욕을 하고 남에 여러 천왕이 보살을 유모에게 주었고, 유모는 보살을 공경히 받들고 매우 기뻐하면서 곧 보살의 보안삼매普眼三昧를 얻었으며, 이 삼매를 얻고서 시방의 한량없는 여러 부처님을 널리 보고, 다시 보살이 여러 곳에서 태어나는 것을 나타내는 자재한 해탈을 얻었는데, 처음 태에 드는 의식意識이 걸림 없이 빠른 것같이 하였고, 이 해탈을 얻은 연고로 모든 부처님들이 본래 서원한 힘을 의지하여 자재하게 태어나는 것을 보는 것도 또한 이와 같이 하였습니다. 선남자여, 그대는 어떻게 생각합니까. 그 유모는 다른 이가 아니라 내 자신[妙德圓滿嵐毘尼林神]이었습니다."

入普現法界光明講堂 參釋迦瞿波女; 一萬宮神 俱來迎讚 現前法爾 過去因緣 香牙園 佛菩提種智;
得觀察三昧海法門 證法雲地.

파도길 넘고 넘어 보배섬 다다르다 [佛菩提種智]

# (40) 석가구파녀釋迦瞿波女, Gopā

## 일념을 억겁億劫으로 삼아서 만법萬法을 통달하다

[해설]  선재동자는 가비라성 보현법계광명강당普現法界光明講堂에 이르러서 석가釋迦 가문의 구파녀瞿波女를 친견하였다. 무우덕신無憂德神과 1만 명의 궁전宮殿을 주관하는 신들이 함께 와서 선재동자를 영접하며 현전現前에 구법求法의 대단함을 찬탄하며, 곧 정각을 이룰 것이라고 말하였다. 석가구파녀의 과거인연은 향아원香牙園 법운광명法雲光明 도량에서 여러 부처님께 공양하여 불보리佛菩提의 지혜를 심었다. 관찰삼매해법문觀察三昧海法門을 얻었으며, 법운지法雲地를 증득하였다.

석가구파녀는 제40 법운지法雲地 선지식으로 허공에 가득한 구름처럼 대법신大法身을 증득해서 진眞과 속俗에 무애자재無礙自在를 갖추었음을 표한다. 석가종족의 여인으로 석가釋迦는 진眞의 뜻이며, 여女는 속俗이라는 뜻이다. 구파는 야쇼다라耶輸陀羅 · 마노사摩奴舍와 함께 석가여래의 태자시절에 세 부인 중에 한 명이다.

여기까지 십지법문을 9명의 여천女天 주야신主夜神과 1명의 불비佛妃로서 나타낸 것은 동체대비同體大悲를 장양하여 원만자재하게 하는 것이 부드러운 여성과 같기 때문이다. 제10지 지智바라밀로 세간의 자비와 지혜에 자재함을 얻은 까닭으로 석가여래의 태자시절에 세 부인 중에 한 명인 구파로서 그 법을 표한다. 선재동자의 대자대비가 이미 원만해졌기에 이로써 자비법열慈悲法悅의 뜻을 나타내었다.

[經文]  "불자여, 그대는 어떻게 생각합니까. 그때 위덕주태자로서 전륜왕이 되어 부처님께 공양한 이가 어찌 다른 사람이겠는가, 지금의 석가모니 부처님이요, (중략) 그때 동녀의 어머니 선현善現은 지금 나의 어머니 선목善目이시고, 그 왕의 권속들은 지금 여래에게 모인 대중들이니 모두 보현의 모든 행을 닦아 큰 원을 성취하였습니다. (중략) 불자여, 구족묘덕동녀具足妙德童女가 위덕주전륜성왕威德主轉輪聖王과 더불어 네 가지 일로 승일신勝日身 여래께 공양한 이는 곧 내 자신[釋迦瞿波女]이었습니다."

普光明殿　普賢菩薩　發如金剛心　有十種如寶住

대방광불화엄경 제55권 이세간품離世間品 변상도變相圖 (봉녕사 대적광전 벽화)

## 2) 인연을 깨달아 실상에 들어가다[會緣入實相]

# 등각等覺 선지식

[해설]  회연입실상會緣入實相은 단계적 차별수행인 삼현三賢과 십성十聖의 생멸인연을 회통하여 일리평등一理平等한 진여실상眞如實相의 경지를 터득한 등각等覺이다.

십지十地와 등각等覺 선지식부터는 선재동자가 더 이상 남쪽으로 가지 않고 가비라성과 보리도량을 돌면서 가르침을 받는다. 가비라성의 룸비니 동산은 고타마 싯다르타의 육신적 탄생을 의미하며, 마가다국 보리도량은 석가모니의 위대한 정신적 탄생을 의미한다. 석가모니의 친어머니 마야부인을 등각等覺의 첫머리에 둔 것은 선재동자의 깨달음이 거의 임박했음을 의미한다. 실제 석가모니 생후 7일 만에 마야부인께서 돌아가셨다지만 영원한 부처님의 어머니로서 존재감을 부각했다. 입법계품에 이르기를 마야부인은 삼세의 모든 부처님을 생각마다 탄생시키는 어머니라고 한다. 일심一心이 동일한 법성이기에 그러한 논리는 대단히 합리적이다.

수행절차를 단계별로 비유하자면 십신十信은 땅을 일구어 씨앗을 심는 것이며, 십주十住는 싹이 돋아나고 줄기가 자라는 것이며, 십행十行은 가지가 점차로 크게 뻗는 것이며, 십회향十迴向은 잎이 무성해지고 꽃이 피는 것이며, 십지十地는 열매가 맺히고 익어가는 것과 같은데 여기까지를 각 지위에 의지하여 차별수행을 나타내는 기위수행상寄位修行相이라고 한다. 그 다음 등각等覺은 모든 차별성을 회통하여 평등성으로 들어가는 회연입실상會緣入實相이라고 하는데 열매 속의 씨앗마저 야무지게 익어가는 경지에 비유할 수 있다. 마지막에 다다르면 크기와 모양에 상관없이 모두 다 평등하게 익는다. 한 나무에서 익어가듯이 한 밭에서 익어가고, 한 나라에서 익어가듯이 온 세계에서 다 익어간다.

# 會 等 覺 位

| 參 | 本 | 善 知 識 | 處 所 | 法 門 |
|---|---|---|---|---|
| | 60 | 摩耶夫人 | 迦毘羅城 | 大願智幻法門 |
| 41 | 80 | 佛母摩耶夫人 | 大寶蓮華座上 | 菩薩大願智幻解脫法門 |
| | 40 | 佛母摩耶夫人 | 卽世界中大摩尼毘盧遮那寶蓮華藏師子之座 | 菩薩大願智幻莊嚴解脫門 |
| | 60 | 童女天主光 | 三十三天宮 | 菩薩無礙念清淨莊嚴解脫 |
| 42 | 80 | 王女天主光 | 往天宮 | 無礙念清淨莊嚴解脫 |
| | 40 | 天主光天女 | 卽三十三天具足正念天王宮中 | 無礙念清淨莊嚴菩薩解脫門 |
| | 60 | 遍友童子師 | 迦毘羅城 | 別無法門 |
| 43 | 80 | 遍友童子師 | 迦毘羅城 | 別無指示 |
| | 40 | 遍友童子師 | 迦毘羅城 | 別無法門 |
| | 60 | 善知衆藝童子 | 迦毘羅城 | 菩薩善知衆藝解脫 |
| 44 | 80 | 善知衆藝童子 | 迦毘羅城 | 四十二字母法門 |
| | 40 | 善知衆藝童子 | 迦毘羅城 | 善知衆藝圓滿具足菩薩解脫門 |
| | 60 | 賢勝優婆夷 | 婆呾那城聚落 | 菩薩無依處道場法門 |
| 45 | 80 | 賢勝優婆夷 | 摩竭提國婆怛那城 | 無依處道場解脫法門 |
| | 40 | 賢勝優婆夷 | 摩竭提國有義聚落婆怛那城 | 無住處無盡輪解脫門 |

# 會等覺位

| 參 | 本 | 善知識 | 處所 | 法門 |
|---|---|---|---|---|
| 46 | 60 | 堅固解脫長者 | 沃田城 | 菩薩無著淸淨念解脫 |
| | 80 | 堅固解脫長者 | 沃田城 | 無著念淸淨莊嚴解脫 |
| | 40 | 堅固解脫長者 | 沃田城 | 無著念淸淨莊嚴解脫 |
| 47 | 60 | 妙月長者 | 沃田城 | 菩薩淨智光明解脫 |
| | 80 | 妙月長者 | 沃田城 | 淨智光明解脫法門 |
| | 40 | 妙月長者 | 卽城中 | 無垢智光菩薩解脫門 |
| 48 | 60 | 無勝軍長者 | 出生城 | 菩薩無盡相解脫 |
| | 80 | 無勝軍長者 | 出生城 | 菩薩無盡相解脫 |
| | 40 | 無勝軍長者 | 廣大聲城 | 無盡相解脫門 |
| 49 | 60 | 尸毘最勝婆羅門 | 法聚落 | 菩薩誠願語法門 |
| | 80 | 最寂靜婆羅門 | 城南法聚落 | 菩薩誠願語解脫 |
| | 40 | 最寂靜婆羅門 | 達磨聚落 | 住誠願語無盡威德菩薩解脫 |
| 50 | 60 | 德生童子 有德童女 | 妙意華門城 | 菩薩幻住解脫 |
| | 80 | 德生童子 有德童女 | 妙意華門城 | 菩薩幻住解脫 |
| | 40 | 德生童子 有德童女 | 妙意華門城 | 菩薩幻住解脫 |

※ 60권본, 80권본, 40권본 화엄경 선지식 이름과 장소가 서로 다른것은 붉은색으로 표기

# 會等覺位

| 參 | 善知識 | 佛國禪師　讚 | 韻 |
|---|---|---|---|
| 41 | 此世界中<br>佛母摩耶聖后 | 我又如何近問津　守堂羅刹再三陳<br>遙看樓觀重重妙　忽見蓮華葉葉新<br>念念願爲諸佛母　生生示作女皇身<br>可怜心腹含容大　包盡微塵世界人 | 津 陳<br>新<br>身<br>人<br>眞 仄起式 |
| 42 | 三十三天上<br>天主光天女 | 三十三大天主天　不知何代結因緣<br>青蓮花界初心啟　妙月光中得意圓<br>勤苦已經無量劫　修持又覺有多年<br>閣浮界內人相問　諸法如今已現前 | 天 緣<br>圓<br>年<br>前<br>先 仄起式 |
| 43 | 迦毘羅城<br>遍友童子師 | 萬里相尋自不言　却云他得藝能全<br>求人忽若渾如此　是我平生豈偶然<br>傳道友方成妄說　說名師軌也虛傳<br>已傾肝膽尋知識　料得前頭必有緣 | 全 然<br>傳<br>緣<br>先 仄起式 |
| 44 | 不離當處<br>善知衆藝童子 | 聞得吾師衆藝全　而今相見試敷宣<br>阿多波者言言諦　縒邐迦陀字字詮<br>四十二門流布後　三千世界古今傳<br>大明一智如何也　雲散長空月正圓 | 全 宣<br>詮<br>傳<br>圓<br>先 仄起式 |
| 45 | 婆呾那城<br>賢勝優婆夷 | 自開自解自爲人　便向紅塵利有情<br>眼耳鼻含功德聚　舌身意現智光明<br>能生能出門庭靜　無盡無依境界清<br>會得道場圓滿處　一身鋒釰致昇平 | 情 明<br>清<br>平<br>庚 平起式 |

遙看樓觀重重妙　　①重 무겁다(去, 宋), ②重 거듭(平, 冬)

# 會等覺位

| 參 | 善知識 | 佛國禪師　讚 | | 韻 | | |
|---|---|---|---|---|---|---|
| 46 | 沃田城<br>堅固解脫長者 | 精進人希懈怠多　師勤法道恰相和<br>十方佛所無休息　百劫身心有切蹉<br>萬仞峯頭雲去後　千尋松頂鶴來過<br>自怜處世間清淨　花落閑庭長綠莎 | | 多<br> | 和<br>蹉<br>過<br>莎 | 歌<br>仄<br>起<br>式 |
| 47 | 沃田城<br>妙月長者 | 妙月高人又指他　向時遍友也空過<br>翻思兩處語言少　却笑諸方路布多<br>悲焰明輝休語會　智光解脫是如何<br>君今不爲通消息　白玉無瑕自琢磨 | | 他<br> | 過<br>多<br>何<br>磨 | 歌<br>仄<br>起<br>式 |
| 48 | 出生城<br>無勝軍長者 | 迢遙遠入出生城　鬧市門頭話道情<br>多謝吾師言兩句　却深思我路千程<br>得無量藏因誰悟　見盡高人合自明<br>作夜松床秋夢起　一天星月照簷楹 | | 城<br> | 情<br>程<br>明<br>楹 | 庚<br>平<br>起<br>式 |
| 49 | 城南法聚落<br>最寂靜婆羅門 | 城南聚落法門低　聞願忻然意不迷<br>過去以誠成解脫　未來因語得菩提<br>隨心隨處作爲滿　無退無當旨趣齊<br>須信江南二三月　百花香裏鷓鴣啼 | | 低<br> | 迷<br>提<br>齊<br>啼 | 齊<br>平<br>起<br>式 |
| 50 | 妙意花城<br>德生童子有德童女 | 德生有德兩和融　同幻同生意莫窮<br>同住同修成解脫　同悲同智顯靈功<br>同緣同想心冥契　同見同知道轉通<br>若要一生成佛果　毘盧樓閣在南中 | | 融<br> | 窮<br>功<br>通<br>中 | 東<br>平<br>起<br>式 |

師勤法道恰相和　①相 서로(平, 陽), ②相 볼(去, 漾)

詣此世界中 參佛母摩耶聖后; 在大樓觀 坐寶蓮華 色相端嚴 威光顯著 念念佛出 生生爲母;
得大願智幻生法門.

배꼽으로 모든 부처님을 탄생시키다 [大願智幻生]

# (41) 마야부인摩耶夫人, Māyā

## 부처님이 탄생할 적마다 어머니가 되어주다

[해설]   선재동자는 염부제 세계에 이르러서 불모佛母 마야성후摩耶聖后를 친견하였다. 마야부인이 대누각의 여의보배 연화좌에 앉아서 청정한 육신을 나타내니 위광이 빛났으며, 생각마다 부처님을 출생하길 원하셨고, 세세생생에 일체제불의 어머니가 되셨다. 보살의 대원과 지혜가 환술과 같음을 아는 대원지환생법문大願智幻生法門을 증득하였다.

마야부인은 제41 등각等覺 선지식이다. 마야부인 다음부터 뒤에 열 분은 이전에 삼현십성三賢十聖을 회통하여 진정하게 법계에 계합함을 밝힌다. 처음 마야부인이 얻은 환지幻智로부터 마지막 덕생동자 유덕동녀가 얻은 환주幻住에 이르기까지, 그 사이에 법문들은 여환如幻의 연緣을 회통하여 다 같이 하나의 실상實相에 들어간다[會緣入實相].

자비로움이 지극하면 지혜가 돋아나고 법계의 본체가 원만하게 이루어진다. 이전에 십지十地까지는 근본지根本智를 의지해서 대비심을 키우지만 등각부터는 더 이상 성장하는 공덕은 끝나고 그대로 순수한 대비심이 이루어진다. 그래서 본심의 바탕과 작용이 원만한 지혜로 탄생하므로 첫 번째 등각 선지식을 석가모니불의 생모生母 마야부인으로서 법을 표한다. 마야는 번역하면 환생幻生이라고 한다. 부처님은 청정한 법에서 태어나므로 삿된 번뇌와 좁은 애착을 아주 벗어난 불생불멸不生不滅의 환생幻生이다.

육조六祖스님이 말씀하기를 '알로 태어나는 난생卵生은 꽉 막히고 미혹하여 온갖 업을 짓는 것이며[迷性也 迷故造諸業], 탯줄로 태어나는 태생胎生은 번뇌습기로 항상 미련스럽게 윤회를 도는 것이며[習性也 習故常流轉], 음습陰濕하게 태어나는 습생濕生은 성품이 삿되어 일정하지 못한 것이며[隨邪性也 隨邪心不定], 변화로 태어나는 화생化生은 잘못된 견해로 자주 착각에 빠지는 것이다[見趣性也 見趣多淪墜].'라고 하였다. 경전에 이르기를 불자佛子는 부처님의 입에서 탄생한다고 하였다. 부처님의 입이라는 것은 진리의 말씀이며, 무지하고 악독한 사람을 바르게 살도록 하는 방편법이다.

遂往三十三天宮 參天主光天女; 歷微塵劫 事微塵佛 受持法語 未曾忘失 有益悲智 無不現前;
得無礙念淸淨莊嚴法門.

여명이 밝아오니 횃불이 필요 없다 [未曾忘失]

# (42) 천주광천녀天主光天女, Surendrābhā

## 깨끗한 대자비심으로 부처님 신통력을 보여주다

[해설]  선재동자는 삼십삼천三十三天 천궁天宮에 가서 천주광천녀天主光天女를 친견하였다. 천주광천녀는 미진겁을 지나면서 무수한 부처님을 모시며 법어를 수지하여 일찍이 잊어버리지 않았다. 유익한 자비와 지혜가 현전하지 않음이 없었으며, 걸림없는 생각의 깨끗한 장엄인 무애념청정장엄법문無礙念淸淨莊嚴法門을 증득하였다.

천주광천녀는 제42 등각 선지식으로 천궁天宮의 정념왕正念王의 딸이다. 등각의 잡념이 없는 무념지無念智 가운데 오염되지 않은 무염자비無染慈悲로 억지로 조작하지 않는 지혜를 쓰는 무위조용無爲照用을 표한다. 천주광天主光이라는 이름은 자비와 지혜를 잘 써서 밝은 빛으로 어둠을 밝힌다는 뜻이다.

등각 선지식은 총괄적으로 마야부인을 먼저 언급하고 별도로 천주광천녀 이하 열 분 선지식의 회연會緣을 밝힌다. 등각의 지위에서는 공덕이 이미 지극하므로 평범한 사람과 같은 자취를 보이기도 하며, 깊은 자비심으로 중생을 거두어 주면서 특별한 신이神異를 나타내지 않는다. 오직 법으로써 남들을 이롭게 하며 도道를 구하는 사람들을 더욱 깊이 있게 만든다. 혹은 아무런 설명도 없이 단지 법문의 이름만 말해서 미리 다음 법문을 짐작하게도 한다. 그래서 등각 선지식들의 법문은 대체로 간결한 편이다. 장행長行과 게송偈頌으로 현생現生과 전생前生의 수행을 장황하게 설명하는 십지 선지식의 법문과 대비된다. 비바람에 시달리던 곡식도 다 익어지면 여유가 생기고, 일 마치고 집에 돌아온 사람은 그저 편안히 쉴 뿐이다.

神通幷妙用  신통과 묘한 재주가 무엇이냐
運水及搬柴  물 긷고 나뭇짐을 지는 일이다
「방거사龐居士 게송」

가르침이 없을수록 참다운 법이다 [不示一言]

詣迦毘羅城 參童子師遍友; 卽時指去 不示一言 顯無法眞法 無得是得 空過此處 未易前程;
昔者聞名 今朝見面.

가르침이 없을수록 참다운 법이다 [不示一言]

# (43) 변우동자사遍友童子師, Viśvā-mitra

## 깜깜한 생사의 밤에 잠깐도 혼미하지 않다

[해설]　선재동자는 가비라성에 이르러서 변우동자사遍友童子師를 친견하였다. 곧바로 선지중예동자에게 가보라고 지시하고 한 마디 말도 하지 않았다. 무법無法이 진법眞法이며 무득無得이 증득證得임을 나타낸다. 이곳 변우동자사의 처소는 설법도 없이 공연히 지나면서 앞 노정路程을 바꾸지 않았다. 이름은 예전에 들었지만 오늘에야 친견하였다.

　변우동자사는 제43 등각 선지식으로 선지중예동자善知衆藝童子의 스승이며 선재동자에게 별다른 법문이 없다. 변우遍友는 여러 사람에게 선우善友가 되는 모범적인 스승[師]을 말하며 동자童子는 배우는 사람[學人]을 뜻한다. 동자사童子師는 동자들을 가르치는 선생이다. 동자들을 가르친다는 것은 누구나 공통적으로 반드시 배워야 하는 근본 과목을 가르친다는 뜻이다. 기초가 튼튼해야 집이 오래 가듯이 근본이 튼튼해야 전공이 더욱 빛나는 법이다.

　변우동자사의 법문이 없는 것은 다음에 선지중예동자와 법문이 같기 때문이며, 제자를 통해 가르치는 법의 유통流通과 모든 법문의 근본이 둘이 없음[無二]을 밝히고자 함이며, 얻을 바 없는 방법을 얻은 까닭이다[不傳之妙]. 비록 말이 없지만 깜깜한 생사의 밤에 찰나도 혼미하지 않는 법을 배운다.

若有欲知佛境界　만약 어떤 이가 부처님 경계 알고자 하면
當淨其意如虛空　그 뜻을 깨끗이 하길 허공과 같이 하며
遠離妄想及諸取　망상과 모든 집착 멀리 여의고
令心所向皆無碍　마음의 향하는 곳 걸림이 없게 할 지어다
『華嚴經』「如來出現品」

무생의 이치가 만법을 포용하다 [無理之至理 不然之大然]

詣不離當處 參善知衆藝童子; 以無礙智 窮世間藝 唱諸字母 入諸法門 鳥獸音聲 雲霞氣候;
得善知衆藝菩薩字智法門.

# (44) 선지중예동자善知衆藝童子, Śilpābhijña

## 갖가지 예술과 문자를 지혜롭게 이해하다

[해설]  선재동자는 가비라성에서 변우동자사의 처소를 떠나지 않고 선지중예동자善知衆藝童子를 친견하였다. 무애無礙의 지혜로써 세간의 예능을 모두 통달했으며, 모든 자모字母를 창창唱하여 모든 법문에 들었으며, 조수鳥獸의 음성과 운하雲霞의 기후氣候에서 보살선지중예법문菩薩善知衆藝法門을 증득하였다.

선지중예동자는 제44 등각 선지식으로 42자모법문字母法門을 얻어서 항상 이 자모字母를 부르며, 42가지 반야바라밀다문을 으뜸으로 삼아 한량없고 수없는 반야바라밀다문에 들어간다. 변우동자사遍友童子師의 법문을 밝히는 것을 도우며 덕예德藝로써 교화를 이루어 찬탄을 표한다.

42자모는 모든 기예의 수승함과 서설書說의 바탕이 되므로 자세하게 밝혔다. 먼저 [아阿], [다多], [파波], [자者], [나那] 5字를 총괄적으로 밝히고, 나머지 37字는 별개로 해설하였다. 『화엄경소초』의 해설을 빌리면 근본 5字의 뜻은 다음과 같다.

[아阿]는 일체 법에 생멸이 없다는 것을 안다면 부처님을 볼 수 있다는 一切法無生, 一切法無滅, 若能如是解, 斯人見如來의 뜻이며, [다多]는 글자 모양이 비슷하지만 발음은 다른 [라囉]의 잘못된 번역이라고 청량국사는 소초에서 밝히는데, [라囉]는 깨끗하여 번뇌가 없다는 清淨無染離塵垢의 뜻이며, [다多]는 여여한 해탈이라는 如如解脱의 뜻이다. [파波]는 일체 법은 평등하여 진속眞俗이 모두 사라진 진리의 법계를 공평하게 널리 비춘다는 眞俗雙亡是眞法界, 諸法皆等卽是普照의 뜻이고, [자者]는 일체 법에 제행이 없으므로 모든 차별이 없다는 諸行既空, 故遍摧差別의 뜻이다. [나那]는 일체 법에 성상性相이 없고 언설문자言說文字는 모두 얻을 수 없다는 性相雙亡, 故無所依, 能所詮亡是謂無上의 뜻이다.

詣婆呾那城 參賢勝優婆夷; 心自開解 利樂衆生 眼耳鼻舌身意 智性出生功德 普現光明;
得無依處道場法門.

마음은 내려놓을수록 가치가 있다 [利樂衆生]

# (45) 현승우바이賢勝優婆夷, Bhadrottamā

## 세간법과 출세간법을 잘 알고 근심이 없다

[해설] 선재동자는 마가다국[摩竭提國] 바달나성婆怛那城에 이르러서 현승우바이賢勝優婆夷를 친견하였다. 마음이 스스로 개해開解하고 중생을 이락利樂케 하며 안眼ㆍ이耳ㆍ비鼻ㆍ설舌ㆍ신身ㆍ의意의 지성智性이 공덕을 출생해 광명을 널리 나타내고, 무의처도량법문無依處道場法門을 얻었다.

현승우바이는 제45 등각 선지식으로 세간의 정사正邪와 길흉吉凶과 의방醫方과 중술衆術을 모두 통달하였다. 그러므로 중생을 편안하게 하고 이익을 주는 안물양생安物養生에 모르는 법이 없으며, 행하지 못할 행이 없고, 구제하지 못할 중생이 없는 참으로 광대한 자비를 갖추었다. 그래서 현명하고 수승한 현승賢勝이라고 한다. 현명한 파사현정破邪顯正을 성취한 현승우바이에게 세간법과 출세간법을 잘 알아서 삿된 바를 없애고 올바른 바를 이루는 법을 배운다.

바달나는 난다바달나難陀婆怛那, Nandavardhana의 약칭으로, 바저나婆咀那, 바달나婆咀那 등으로도 음사音寫하고, 증희增喜, 희증장喜增長, 증익增益으로 번역한다. 끝없는 삼매로 이익을 낸다는 뜻이다.

若諸菩薩 善用其心　만약 모든 보살이 그 마음을 잘 쓰면
則獲一切 勝妙功德　곧 온갖 수승하고 묘한 공덕을 얻어서
於諸佛法 心無所礙　모든 부처님 법에 마음이 걸림이 없으며
住去來今 諸佛之道　과거 미래 현재의 모든 부처님의 도에 머물게 되며
隨衆生住 恒不捨離　중생을 따라 머물러 항상 버리고 여의지 아니한다

『華嚴經』「淨行品」

詣沃田城 參堅固解脫長者; 百千萬劫 十方佛所 勤求正法 未曾休息 大師子吼 大福智聚;
得無著念淸淨莊嚴法門.

얻은 바 없으면 제대로 얻은 것이다 [以無所得故]

# (46) 견고해탈장자堅固解脫長者, Muktā-sāra

## 일체에 집착 없는 견고함으로 비옥한 밭이 되다

[해설]   선재동자는 옥전성沃田城에 이르러서 견고해탈장자堅固解脫長者를 친견하였다. 백천만 겁 동안 시방十方의 부처님 처소에서 정법을 부지런히 구하고 일찍이 휴식하지 아니하였으며, 집착하는 생각이 없는 청정한 무착념청정장엄법문無著念淸淨莊嚴法門을 증득하였다. 견고해탈장자가 알 수 없는 큰 사자후師子吼와 큰 복지취福智聚는 다음 선지식 묘월장자에게 미루었다.

견고해탈장자는 제46 등각 선지식으로 모든 공덕행功德行에 집착이 없음을 표한다. 공덕을 널리 닦지만 스스로 집착하는 생각이 없어서 견고해탈堅固解脫이라고 한다. 집착하는 생각이 없는 청정함을 성취한 견고해탈장자에게 일체에 집착 없는 견고함으로 비옥한 밭이 되는 법을 배운다. 수행이 얕은 사람은 척박한 땅과 같고, 수행이 깊은 사람은 비옥한 땅과 같아서 씨를 조금만 뿌려도 얻는 바가 풍성하다. 견고해탈장자가 비옥한 땅 옥전성에 산다는 것은 그런 의미를 말한다. 점점 선재동자의 깨달음이 완벽해진다는 뜻이다.

심 불 망 취 과 거 법
**心不妄取過去法**   과거의 법을 허망하게 취하지 않고

역 불 탐 착 미 래 사
**亦不貪着未來事**   미래의 일도 탐착하지 아니하며

불 어 현 재 유 소 주
**不於現在有所住**   현재의 존재에도 머물지 아니하면

요 달 삼 세 실 공 적
**了達三世悉空寂**   삼세가 공空한 줄을 통달하리라

『華嚴經』「十廻向品」

153

即此城中 參妙月長者; 不談法義 略示名字 顯無得中 又無所得 即此無得 又無得矣. 是謂眞得也;
得淨智光明法門.

여우는 백년이 지나도 사자후를 할 수 없다 [不能作師子吼]

# (47) 묘월장자妙月長者, Su-candra

## 미묘한 광명이 있는 집에 머물며 사자후를 하다

[해설]  선재동자는 곧 다시 이 옥전성에서 묘월장자妙月長者를 친견하였다. 법의法義를 담설하지 않고 간략히 이름만 나타내어 얻을 마음이 없는 무득無得이므로 얻어지는 대상도 없는 무소득無所得임을 나타내었다. 곧 이 얻을 마음이 없는 무득無得마저도 또한 얻을 게 없는 무득無得이니 이것을 참으로 얻은 진득眞得이라고 말한다. 정지광명법문淨智光明法門을 얻었다.

묘월장자는 제47 등각 선지식으로 자비와 지혜가 원만하여 세간의 미혹을 없애는 것을 표한다. 묘한 광명이 있는 집에서 사자후師子吼를[29] 성취한 묘월장자에게 묘한 여래의 집에 머물며 사자후 하는 법을 배운다. 선재동자가 여기까지 올 수 있었던 것은 처음 신심을 낼 때부터 남달랐던 것이다. 말하자면 큰스님이 되는 사람들은 이미 출가하기 훨씬 이전부터 공부는 시작되었다고 볼 수 있다. 결국 콩 심은데 콩이 나고 산삼밭에 산삼이 나는 법이다. 보통 식물은 떡잎이 두 장인데 산삼山蔘을 살펴보면 떡잎이 석 장이다.

"모든 선남자여! 저 여우는 비록 사자師子를 따라다니기를 백년에 이를지라도 끝내 사자후를 할 수 없다. 하지만 사자새끼라면 비로소 삼년만 채우면 바로 사자후를 할 수 있다. 사자왕처럼."

諸善男子　如彼野干　雖逐師子　至于百年　終不能作
師子吼也　若師子子　始滿三年　則能哮吼　如師子王
『大般涅槃經』「師子吼菩薩品」

29) 대장경에서는 주로 師子라고 쓰며, 거의 獅子라고 쓰지 않는다. 화엄경과 열반경의 예를 들면 부처님과 관련되는 비유는 師子吼, 師子座, 師子頻申三昧 등으로 쓰며, 혹 단순히 축생에 대해서 언급할 때는 牛王, 象王, 獅子王이라고 쓰기도 하며, 경전 외에 선어록 등에서는 獅子라고 쓰기도 한다.

詣出生城 參無勝軍長者; 垂示二法 而爲開誘 見無量佛 得無盡藏 悟其所以 實亦省遜;
得無盡相法門.

신심이 있는 사람은 공덕행을 귀하게 여긴다 [道貴全生]

# (48) 무승군장자無勝軍長者, Ajita-sena

## 형상이 없음을 깨달아 무진장 복덕을 베풀다

[해설]  선재동자가 출생성出生城에 이르러서 무승군장자無勝軍長者를 친견하였다. 두 법을 수시垂示하여 개유開誘하였으며 무량한 부처님을 친견하고 무진장無盡藏을 증득하였다. 실로 그 까닭을 깨우쳤으므로 무진상법문無盡相法門을 얻었다.

무승군장자는 제48 등각 선지식으로 이미 부처님을 친견하고 얻은 법이 무궁무진하여 외도가 이길 수 없는 무능승無能勝 군대라는 뜻이다. 다함없는 창고[無盡藏]을 얻었다는 말은 모든 묘법妙法을 들었다는 뜻이며, 또한 모든 마음의 경지가 불법佛法이 아님이 없는 까닭으로 부처님과 법이 다함이 없다는 것을 표한다. 여러 공덕이 모여드는 바가 마치 군대가 운집하는 것과 같으며, 널리 여러 마군魔軍을 쳐부술 수 있는 힘은 본심本心의 바탕에서 생기므로 출생성出生城에 산다고 하였다. 다함없는 모양의 무진상해탈을 성취한 무승군장자에게 형상이 없는 이치를 깨달아 무진장 복덕을 베푸는 지혜를 배운다.

요 지 일 체 법
**了知一切法**　　일체의 모든 법에

자 성 무 소 유
**自性無所有**　　자성이 없는 줄 알지니

여 시 해 법 성
**如是解法性**　　이와 같이 법성을 알면

즉 견 노 사 나
**卽見盧舍那**　　곧 비로자나 부처님을 뵈리라

『華嚴經』「須彌頂上偈讚品」

157

即此城南聚落 參最寂靜婆羅門; 發菩提心 無有退轉 過現未來 已退當退 隨意作爲 皆悉成滿;
得誠願語法門.

말이 진실하여 뜻대로 이루어지다 [圓覺道場何處 現今生死卽是 始終無虛妄]

# (49) 최적정바라문最寂靜婆羅門, Śiva-rāgra

## 변재가 무애하고 진실하여 뜻대로 성취하다

[해설]   선재동자가 곧 이 출생성 남쪽의 법취락法聚落에서 최적정바라문最寂靜婆羅門을 친견하였다. 보리심을 발하여 퇴전退轉하지 않고 과거·현재·미래에 대하여 인연이 익은 것은 빨리 버리는 이퇴已退와 인연이 덜된 것은 차차 버리는 당퇴當退의 시기를 마음대로 조절하며 모두 다 성만成滿하여 성원어법문誠願語法門을 얻었다.

최적정바라문은 제49 등각 선지식으로 우리가 사는 현실의 온갖 시끄러운 경계가 바로 그대로 참으로 고요한 법임을 표한다. 지극히 진실하다면 현실이 그대로 고요한 것임을 성취한 최적정바라문에게 지극한 원력의 말씀을 통해 변재가 무애하고 뜻대로 성취하는 법을 배운다.

단 자 무 심 어 만 물
**但自無心於萬物**　　　　다만 스스로 온갖 만물에 무심하다면

하 방 만 물 상 위 요
**何妨萬物常圍繞**　　　　만물이 에워싸고 있은들 무슨 방해가 되랴

철 우 불 파 사 자 후
**鐵牛不怕獅子吼**　　　　철우는 사자후를 두려워하지 않나니

흡 사 목 인 견 화 조
**恰似木人見花鳥**　　　　흡사 목인이 꽃을 보고 새를 보는 듯하네

목 인 본 체 자 무 정
**木人本體自無情**　　　　목인은 본래 자체에 스스로 마음이 없기에

화 조 봉 인 역 불 경
**花鳥逢人亦不驚**　　　　꽃과 새가 목인을 만나도 놀라지 않나니

심 경 여 여 지 자 시
**心境如如只遮是**　　　　마음과 경계가 한결같아 다만 이러할 진데

하 려 보 리 도 불 성
**何慮菩提道不成**　　　　깨달음을 이루지 못한 것 무슨 근심이리오

「방거사龐居士 게송」

至妙意華門城 參德生童子有德童女; 幻生智悲 緣相知見 無明煩惱 國土衆生 依正同空 悉皆
如幻同; 得菩薩幻住法門.

허깨비 같은 지혜와 자비를 깨닫다 [幻生智悲]

# (50) 덕생동자德生童子, Śrī-sambhava
## 유덕동녀有德童女, Śrī-matī

# 일체 법이 환술 같은 깨달음을 성취하다

[해설]  선재동자가 묘의화문성妙意華門城에 이르러서 덕생동자德生童子와 유덕동녀有德童女를 친견하였다. 환幻이 지비智悲를 내고 연緣으로 서로 알고 보며 무명無明과 번뇌·국토와 중생·의보依報와 정보正報가 공空과 같아서 모두 다 여환如幻과 한가지인지라 보살환주법문菩薩幻住法門을 얻었다.

덕생동자와 유덕동녀는 제50 등각 선지식으로 지혜와 자비가 원만하여 세상에 그림자처럼 머무는 것[幻住]을 표한다. 모든 법이 환술임을 성취한 덕생동자와 유덕동녀에게 일체법이 환술과 같음을 아는 지혜를 배운다.

스스로 이르기를 "우리 두 사람은 보살의 환주해탈幻住解脫을 증득했다."라고 말하니 등각을 마치고 묘각妙覺의 지혜를 증득함을 밝힌다. 심경心境을 환하게 깨달아서 티끌마저 없고 청정한 법계에 오직 하나의 진지眞智를 쓴다. 마음을 지혜롭게 쓰는 까닭으로 일체를 환幻으로 출생한다. 부처님의 경계와 중생의 경계를 판단하되 모두 지혜를 의지해서 그림자처럼 여긴다. 세상에 모든 법은 인연으로 생겨난 것이며, 성품이 본래 스스로 있는 게 아니다. 다만 유위법의 실체를 꿈처럼 여길 뿐만 아니라 비록 뼈를 깎는 모진 수행으로 얻어진 깨달음의 결과라 할지라도 모두 그림자처럼 여긴다.

[經文]  "일체 중생이 다 환술처럼 머무나니[皆幻住], 업과 번뇌로 일어난 까닭입니다[業煩惱所起故]. (중략) 그대는 응당 자기의 몸은 병난 것과 같이 생각하고[生病苦想], 선지식은 의사와 같이 생각하고[生醫王想], 말씀하는 법은 약과 같이 생각하고[生良藥想], 닦는 행은 병을 없애는 것과 같이 생각하십시오[生除病想]."

參訪德生童子 有德童女 毘盧蔗那莊嚴藏大樓閣 彌勒菩薩 從別處來

彌勒菩薩 讚菩提心 猶如種子 能生一切諸佛法 三世如來 從菩提心而出生

대방광불화엄경 제77권 입법계품 변상도變相圖 (봉녕사 대적광전 벽화)

대방광불화엄경 제78권 입법계품 변상도變相圖 (봉녕사 대적광전 벽화)

## 成 妙 覺 位

| 參 | 本 | 善知識 | 處 所 | 法 門 |
|---|---|---|---|---|
| 51 | 60 | 彌勒菩薩 | 海澗國大莊嚴藏園林嚴淨藏大樓觀 | 以文殊師利心念力故 眾華纓絡 種種妙寶 不覺忽然 自盈其手 善財歡喜 即以奉散 彌勒菩薩摩訶薩上 時 彌勒菩薩 摩善財頂 為說頌言 |
| | 80 | 彌勒菩薩 | 海岸國大莊嚴園毘盧遮那莊嚴藏樓閣 | |
| | 40 | 彌勒菩薩 | 卽南方近海門處沃田國大莊嚴園毘盧遮那莊嚴藏樓閣 | 善哉善哉真佛子 普策諸根無懈倦 不久當具諸功德 猶如文殊及與我 |
| 52 | 60 | 文殊菩薩 | 普門城邊 | 文殊師利 遙伸右手 過一百一十由旬 按善財頂 爲其解說妙法 令得成就阿僧祇法門 具足無量大光明 復令入普賢行道場 於是 善財渴仰 欲參 普賢菩薩. |
| | 80 | 文殊菩薩 | 普門國蘇摩那城 | |
| | 40 | 文殊菩薩 | 蘇摩那城 | |
| 53 | 60 | 普賢菩薩 | 如來金剛藏道場 | 見普賢菩薩 坐寶蓮華師子之座 身上諸毛孔 出光明雲 普賢菩薩 卽伸右手 摩觸其頂 爲其解說諸法 善財卽得一切佛刹微塵數三昧門. |
| | 80 | 普賢菩薩 | 如來前衆會之中 | |
| | 40 | 普賢菩薩 | 金剛海藏菩提道場如來師子座前一切寶蓮華座上 | |

[해설] 선재동자가 받은 세 번의 마정수기摩頂受記는 미륵보살에게는 자비를 성취하고[根本智果], 문수보살에게는 지혜를 성취하며[普光明體], 보현보살에게는 행원을 성취한[差別智用] 것을 표한다.

# 成妙覺位

| 參 | 善知識 | 佛國禪師　讚 | 韻 | | |
|---|---|---|---|---|---|
| 51 | 毘盧藏樓閣<br>彌勒菩薩 | 樓閣門前立片時　龍華師主遠方歸<br>不唯彈指觀深妙　又聽慈音語細微<br>理智行爲身日月　菩提心是道樞機<br>許多境界何來去　萬里天邊一雁飛 | 歸<br>微<br>機<br>飛 | 微<br>仄起式 | |
| 52 | 蘇摩那城<br>文殊菩薩 | 無 | | | |
| 53 | 佛會中<br>普賢菩薩 | 百一由旬摩頂歸　片心思見普賢師<br>堂堂現在紅蓮座　落落分明白象兒<br>沙劫智悲方滿日　微塵行願正圓時<br>佛功德海重宣說　愁見波濤轉渺渺 | 師<br>兒<br>時<br>渺 | 支<br>仄起式 | |
| 54 | 佛國禪師 昔居龜寺<br>今在鳳城 觀善財童子<br>參諸知識 未有休期<br>咄 直下承當豁然<br>休歇大用現前 | 時光已是覺蹉跎　嗟爾平生跋涉多<br>五十餘人皆問訊　百重城郭盡經過<br>而今到此休分別　直下承當得也麼<br>忽若更云南北去　分明鷄子過新羅 | 跎<br>多<br>過<br>麼<br>羅 | 歌<br>平起式 | |

不唯彈指觀深妙　①觀 생각(去, 翰), ②觀 보다(平, 寒)

詣毘盧藏樓閣 參彌勒菩薩; 佇立門前 遠方而至 頂禮入觀妙境 重重映現 佛佛全彰 出已還閉
思議不及; 得一生佛果三世境界法門.

그렇게 장엄하던 일이 어디로 갔는가? [莊嚴事何處去耶]

## 3) 공덕을 섭렵하여 여래종자를 이루다[攝德成因相]

### (51) 미륵보살彌勒菩薩, Maitreya

[해설]  선재동자가 해안국海岸國 대장엄大莊嚴 동산 가운데 비로자나장엄장毘盧遮那 莊嚴藏 큰 누각 앞에서 엎드려 절하고, 지극한 일심으로 누각 안에는 미륵보살이 계실 것이라고 생각하고 찬탄하였다. 그러나 정작 미륵보살은 다른 먼 곳으로부터 오셨다. 그 뜻은 미륵보살은 고정적 과보로 존재하는 것이 아니라 몽환夢幻의 인연을 따라 존재함을 나타낸다. 선재동자는 지난 날 문수보살의 가르침을 깊이 믿고 이해하는 큰 서원의 힘으로 마침내 지혜의 몸이 미륵보살의 온갖 곳에 두루 하고 평등한 자비문에 들어갔다. 삼세의 일체 경계를 잊어버리지 않는 지혜로 장엄한 해탈[不忘念智莊嚴藏解脫]을 얻은 미륵보살을 만나서 삼매 속에서 보았던 모든 법문을 삼매에 깨어난 후 찰나 사이에 몽환처럼 모두 잊어버리게 된다. 그것은 미륵보살의 몽환법문을 통하여 법계의 실상實相이 모두 그러함을 알게 하고자 하는 뜻이 있다. [根本智果]

## ① 미륵보살이 다른 데로부터 오시다[從別處來]

[經文]  이때 선재동자는 이렇게 보살들의 한량없이 칭찬하고 찬탄하는 법으로 비로자나장엄장 큰 누각 안에 계시는 보살들을 찬탄하고는 허리 굽혀 합장하고 공경하고 예배하여 일심으로 미륵보살을 뵙고 친근하고 공양하기를 원하였습니다. 문득 보니 미륵보살마하살이 다른 데로부터 오시는데 한량없는 하늘용, 야차, 건달바, 아수라, 가루라, 긴나라, 마후라가왕과 제석천왕, 범천왕, 사천왕과 본래 태어난 데 있는 한량없는 권속과 바라문들과 수없는 백 천 중생들이 앞뒤로 호위하고 와서 장엄장 누각으로 향하시었습니다. 선재동자가 보고는 기뻐 뛰놀면서 땅에 엎드려 절하였습니다. (중략)

## ② 선재동자가 마정수기를 받다[摩善財頂]

그때 미륵보살마하살이 여러 대중 앞에서 선재동자의 공덕장을 칭찬하였습니다. 선재동자는 이 게송을 듣고 기뻐 뛰면서 털이 곤두서고 목이 메어 흐느끼며 일어서서 합장하고 공경하고 우러러보며, 한량없이 돌았습니다. 문수사리의 염려한 힘으로 여러 가지 꽃과 영락과 갖가지 보배가 뜻하지 않게 홀연히 손에 가득하였습니다. 선재동자는 기뻐서 이것을 미륵보살마하살께 받들어 흩었습니다. 미륵보살마하살은 선재동자의 정수리를 만지면서 게송을 말하였습니다.

선 재 선 재 진 불 자
**善哉善哉眞佛子**여　　착하도다, 착하도다. 참된 불자여

보 책 제 근 무 해 권
**普策諸根無懈倦**하니　　몸과 마음을 다독어 게으르지 않으니

불 구 당 구 제 공 덕
**不久當具諸功德**하야　　머지않아 모든 공덕 구족하여서

유 여 문 수 급 여 아
**猶如文殊及與我**로다　　내 몸이나 문수보살같이 되리라 (중략)

## ③ 선재동자의 발보리심을 칭찬하다[讚菩提心]

[經文]　그때에 미륵보살마하살이 도량에 모인 대중을 살펴보시고 선재동자를 가리키면서 말하였습니다. "여러 어진 이들이여, 그대들은 이 장자의 아들이 지금 나에게 보살의 행과 모든 공덕을 묻는 것을 보십니까?"

"여러 어진 이들이여, 이 장자의 아들은 용맹하게 정진하고, 뜻과 원이 혼잡하지 않으며, 깊은 마음이 견고하여 항상 물러가지 않으며, 훌륭한 희망을 갖추어 머리에 불타는 것을 끄듯이 만족한 줄 모르며, 선지식을 좋아하여 친근하고 공양하며, 곳곳마

다 찾아다니면서 받들어 섬기고 법을 구하였습니다. 여러 어진 이들이여, 이 장자의 아들은 지난날 복성福城에서 문수보살의 가르침을 받고 점점 남쪽으로 오면서 선지식을 찾았고, 110분의 선지식을 만난 뒤에 나에게 왔는데 일찍이 잠깐도 게으른 생각을 내지 않았습니다." (중략)

## ④ 선재동자의 중생구호를 찬탄하다[歎大乘行]

"여러 어진 이들이여, 이 장자의 아들은 매우 희유하니, 대승을 향하여 큰 지혜를 의지하고, 큰 용맹을 내고, 크게 가엾이 여기는 갑옷을 입고, 크게 인자한 마음으로 중생을 구호하며, 큰 정진바라밀다의 행을 일으키었습니다. 큰 장사 주인이 되어 모든 중생들을 보호하며, 큰 법의 배가 되어 모든 윤회[諸有]의 바다를 건너며, 큰 도道에 있으면서 큰 법의 보배를 모으며, 넓고 크게 도를 돕는 법을 닦습니다. 이와 같은 사람은 듣기도 어렵고, 보기도 어렵고, 친근하고 함께 있고 함께 행하기 어렵습니다."

"여러 어진 이들이여, 이 장자의 아들은 네 강에 표류하는 이를 위하여 큰 법의 배를 만들고, 소견의 수렁에 빠진 이를 위하여 큰 법의 다리를 놓고, 어리석음의 캄캄한 밤에 헤매는 이를 위하여 큰 지혜 등불을 켜고, 생사의 벌판을 다니는 이들을 위하여 성스러운 길을 열어 보이고, 번뇌의 중병을 앓는 이를 위하여 법의 약을 만들고, 나고 늙고 죽음에 고통 받는 이에게는 감로수를 먹여 그들로 하여금 편안하게 하고, 탐욕과 성냄과 어리석음의 불에 들어 있는 이에게는 선정禪定의 물을 부어 서늘케 하고, 근심 걱정이 많은 이는 위로하여 편안하게 하고, 존재[有]의 옥獄에 잡힌 이는 깨우쳐서 나오게 하며, 소견의 그물에 걸린 이는 지혜의 검으로 벗겨 주고, 십팔계十八界의 성城에 있는 이에게는 해탈할 문을 보여 주고, 험난한 데 있는 이는 편안한 곳으로 인도하고, 결박의 도둑을 무서워하는 이는 두려움 없는 법을 주고, 나쁜 길에 떨어진 이는 자비한 손을 주고, 쌓임[蘊]에 구속된 이는 열반의 성城을 보여 주고, 네 가지 뱀[界蛇]에 감긴 이는 성인의 길로 풀어 주고, 여섯 군데 빈 마을에 집착한 이는 지혜의 빛으로 이끌어 내고, 삿된 제도[邪濟]에 머문 이는 바른 제도에 들게 하고, 나쁜 동무를 가까이하는 이는 선한 동무를 소개하고, 범부의 법을 좋아하는 이는 성인聖人의 법을 가르치고, 생사에 애착하는 이는 일체 지혜의 성城에 나아가게 합니다." (중략)

## ⑤ 미륵보살의 해탈법문을 밝히다[不忘念智莊嚴藏解脫]

"선남자여, 일어나십시오, 법의 성품이 이와 같습니다."

"이는 보살의 모든 법을 아는 지혜의 인연이 모여서 나타나는 현상입니다. 이와 같은 자체 성품이 환술과 같고, 꿈과 같고, 그림자와 같고, 영상과 같아서 모두 성취하지 못합니다."

그때에 선재동자는 손가락 튕기는 소리를 듣고 삼매에서 일어나고, 미륵보살이 말하였습니다.

"선남자여, 그대가 보살의 불가사의하게 자재한 해탈에 머물러 모든 보살들의 삼매의 기쁨을 받았으므로 능히 보살의 신통한 힘으로 가지加持함과 도를 돕는 데서 흘러나옴과 원과 지혜로 나타난 가지가지 훌륭하게 장엄한 궁전을 보았으며, 보살의 행을 보고, 보살의 법을 듣고, 보살의 덕을 알고, 여래의 원願을 알겠습니까?"

선재동자가 말하였습니다.

"그렇습니다. 거룩하신 이여, 이는 선지식이 가피하시고 생각하여 주신 위신력입니다."

"거룩하신 이여, 이 해탈문은 그 이름은 무엇입니까?"

미륵보살이 말하였습니다.

"선남자여, 이 해탈문의 이름은 '삼세三世의 일체 경계에 들어가서 잊지 않고 기억하는 지혜로 장엄한 창고[入三世一切境界不忘念智莊嚴藏][30]'입니다. 선남자여, 이 해탈문 가운데 말할 수 없이 말할 수 없는 해탈문이 있으니, 일생보처 보살이라야 능히 얻을 수 있습니다." (중략)

---

30) [不忘念智]者, 即能入能現之智, 良以三世一如故. 念劫圓融, 隨一世中現三際之境, 智入三世, 了法空寂, 與如冥契, 故一念之中無所不見, [莊嚴藏有二義]者：前義約理融事, 已是事事無礙, 後更明心境互融, 從[故此門]下, 仍上主門釋眷屬也

## ⑥ 비로자나장 누각과 미륵보살의 근원을 밝히다[何處去來]

선재동자가 물었습니다.

"이 장엄하던 일이 어느 곳으로 갔습니까[何處去耶]?"

미륵보살이 대답하였습니다.

"왔던 곳으로 갔습니다[於來處去]."

"어느 곳에서 왔었습니까[從何處來]?"

"보살지혜의 신통한 힘으로부터 와서 보살지혜의 신통한 힘을 의지하여 머물지만, 간 곳도 없고[無有去處], 또한 머문 곳도 없고[亦無住處], 모인 것도 아니고 항상 한 것도 아니어서[非集非常], 모든 것을 멀리 여의었습니다[遠離一切]." (중략)

선재동자가 말하였습니다.

"큰 성인께서는 어디서 오셨습니까[從何處來]?"

미륵보살이 대답하였습니다.

"선남자여, 모든 보살들은 오는 일도 없고 가는 일도 없이[無來無去] 이와 같이 오며, 다니는 일도 없고 머무는 일도 없이[無行無住] 이와 같이 옵니다. 처소도 없고 집착도 없고[無處無著], 없어지지도 않고 나지도 않고[不沒不生], 머물지도 않고 옮기지도 않고[不住不遷], 동하지도 않고 일어나지도 않고[不動不起], 연연함도 없고 애착함도 없고[無戀無著], 업도 없고 과보도 없고[無業無報], 생기지도 않고 멸하지도 않고[無起無滅], 아주 없지도 않고 항상 하지도 아니하여[不斷不常] 이와 같이 옵니다[如是而來]." (중략)

"그러나 선남자여, 그대가 나에게 묻기를 '어디서 왔느냐?'[從何處來]'라고 하였으니, 선남자여, 나는 내가 태어난 곳인 마라제국摩羅提國으로부터 여기에 왔습니다. 선남자여, 그곳에 방사房舍라는 마을이 있고, 거기에 장자의 아들이 있으니 이름이 구파라瞿波羅입니다. 그 사람을 교화하여 불법에 들어오게 하느라고 거기에 있었습니다. 또 태어난 곳에 있는 모든 사람들로서 교화를 받을 만한 이들에게 법을 설하고, 또 부모와 권속과 바라문들에게 대승을 연설하여 들어가게 하느라고 그곳에 있다가 여기로 왔습니다." (후략)

## 문수달천진文殊達天眞

## 보현명연기普賢明緣起

나옹왕사 창건 영덕 장육사 대웅전 문수보살, 보현보살 벽화

到普門國 蘇摩那城 參文殊師利菩薩; 遙伸右手 過一百一十由旬 按善財頂 若離信根 心劣憂
悔 功行不具 退失精勤; 令入普賢行道場 及置善財自所住處 文殊師利 還攝不現.

옛집에 돌아오니 햇빛이 여전하다 [還攝不現　理卽頓悟]

## 4) 비춤과 비춰지는 것은 둘이 아니다[智照無二相]

## (52) 문수보살文殊菩薩, Mañju-śrī

[해설]  보문국普門國 소마나성蘇摩那城에서 때마침 오른손을 들고 110개 성城을 지나오는 문수보살을 만나 선재동자는 마정수기摩頂受記를 받고 심오한 법성을 이해한다. 오른손은 정법을 뜻하며 110성城은 110분 선지식의 원만한 바라밀 법문의 성취를 뜻한다. 법法과 성性은 원융하여 두 가지의 모습이 아니다[法性圓融無二相]. 소마나는 열의悅意, 기뻐하다는 뜻이다.[普光智體]

## ① 문수보살을 친견하기를 원하다[渴仰文殊]

[經文]  그때 선재동자는 미륵보살마하살의 가르침에 의지하였습니다. 점점 나아가 110개 성城을 지나서 보문국普門國의 소마나蘇摩那성에 이르러서 그 문에 머물러 있으면서 문수사리를 생각하며 수순하여 관찰하고 두루 찾으며 뵈옵기를 희망하였습니다.

## ② 선재동자가 마정수기를 받다[摩善財頂]

이때 문수사리가 멀리서 오른손을 펴서 110유순由旬을 지나서 선재동자의 정수리를 만지면서 이와 같이 말하였습니다.

"훌륭하고 훌륭합니다. 선남자여, 만약 믿음의 뿌리를 여의었던들 마음이 용렬하고 근심하고 후회하며[若離信根心劣憂悔], 공을 닦는 행을 갖추지 못하고 정근에서 퇴타하며[功行不具退失精勤], 한 가지 선근에도 마음이 집착하고[於一善根心生住着], 조그만 공덕에도 곧 만족하였을 것이며[於少功德便以爲足], 뛰어난 수단과 방법으로 행行과 원願을 일으키지 못하였을 것[不能善巧發起行願]입니다."

### ③ 믿음으로 깨달음을 완성하다[信根圓滿]

선지식의 거두어 주고 보호함도 받지 못하며, 여래의 생각하심도 되지 못했을 것입니다. 또 능히 이와 같은 법의 성품[法性]과 이와 같은 이치[理趣]와 이와 같은 법문法門과 이와 같은 수행[所行]과 이와 같은 경계境界를 알지 못하였을 것입니다. 또 두루 앎[周徧知]과 갖가지 앎[種種知]과 근원까지 다함[盡源底]과 분명하게 이해함[解了]과 들어감[趣入]과 해탈함[解脫]과 분별함[分別]과 증득함[證知]과 얻은 것[獲得]을 모두 다할 수 없었을 것입니다."

### ④ 문수보살이 다시는 나타나지 않다[還攝不現]

이때 문수사리가 이 법을 설하여 보여주고, 가르쳐 주고, 이익하게 하고, 기쁘게 하여 선재동자로 하여금 아승지 법문을 성취하게 하고, 한량없는 큰 지혜의 광명을 구족하게 하였습니다. 보살의 그지없는 다라니와 그지없는 원과 그지없는 삼매와 그지없는 신통과 그지없는 지혜를 얻게 하였으며, 보현행도량普賢行道場[31] 에 들어가게 하였다가 선재동자를 자신이 머무는 곳[自所住處][32] 에 두었습니다. 그리고 문수사리는 모습을 거두고 나타나지 않았습니다.[文殊師利 還攝不現][33]

### ⑤ 삼천대천세계의 선지식을 친견하다[普見善友]

이에 선재동자는 생각하고 관찰하면서 일심으로 문수사리를 친견하려 하였는데, 또한 삼천대천세계의 미진수와 같이 많은 모든 선지식을 친견하고, 모두 친하고 가까이하여 공경하며 받들어 섬기고, 그들의 가르침을 받아 행하고, 어기거나 거스르지 아니하였습니다.

31) 普賢行道場 : 擧足下足皆與普賢行相應故.
32) 自所住處 : 即是法界, 是文殊大智無住住故. 又普賢道場即法界理, 自所住處即文殊智, 此亦義同示於後友普賢之境.
33) 文殊師利 還攝不現 : 攝用歸本者, 所作竟故. 信窮智境, 信相便亡, 故云不現.

文殊舒臂　摩善財頂　攝善財　入文殊所住處　文殊還攝不現　善財至金剛道場　謁仰普賢

대방광불화엄경　제80권 입법계품 변상도變相圖 (봉녕사 대적광전 벽화)

在如來前衆會 參普賢菩薩; 乘白象王 處紅蓮座 一心親近 諮聞法要 智悲圓滿 行願功成 卽獲
佛德 顯同果海; 得一切佛刹微塵數三昧法門.

후득지의 생멸 인연을 통달하다 [普賢明緣起 事非頓除]

## 5) 부처님의 광대한 행원을 밝히다[顯因廣大相]

## (53) 보현보살普賢菩薩, Samanta-bhadra

[해설]   문수보살은 다시 나타나지 않았고, 금강도량에서 선재동자는 비로자나 여래의 사자좌 앞에 있는 보배연화장 자리 위에 앉아서 보현보살의 경계를 보고, 여래회중에서 보현보살을 친견하고 또 한 번의 마정수기摩頂受記를 받는다. 세 번의 마정수기 중에 미륵보살은 자비를 뜻하고, 문수보살은 지혜를 뜻하며, 보현보살은 행원을 뜻한다.[差別智用]

## ① 보현보살을 친견하기를 원하다[渴仰普賢]

[經文]   그때 선재동자는 보현보살의 해탈 경계를 관찰하고, 곧 보현보살의 명자名字와 행원行願과 조도助道와 정도正道와 원융하게 거두어 주는 제지諸地와 지地의 가행加行하는 방편方便과 삼매에 들어가는 입入과 삼매에서 나오는 승진勝進과 삼매에 머무르는 주住와 바라밀행을 닦는 수습修習과 깨달은 바 경계境界와 신통으로 사마邪魔를 꺾는 위력威力과 불지佛智에 함께 머무르는 동주同住를 듣고 보현보살을 친견하기를 갈앙하였습니다.

## ② 선재동자가 행원을 일으키다[究竟行願]

곧 이 금강장 보리도량에서 비로자나 여래의 사자좌 앞에 있는 모든 보배연화장 자리 위에 앉아서, 허공계와 같고자 하는 광대한 마음과(중략) 모든 중생 세계를 두루 교화하려는 마음과 여래의 열 가지 힘에 나아가려는 구경究竟의 마음을 일으켰습니다.
   '나는 이제 반드시 보현보살을 보고 선근善根을 더할 것이며, 모든 부처님을 보고 여러 보살의 광대한 경지에 대하여 결정한 지혜를 내어 온갖 지혜를 얻을 것이다.'라고 생각하였습니다. (중략)

## ③ 선재동자가 마정수기를 받다[摩善財頂]

이때 선재동자는 보현보살의 몸 부분마다 낱낱 털구멍에 모두 삼천대천세계의 낮과 밤과 달과 시간과 해와 겁劫에 부처님이 세상에 나심과 보살의 모임과 도량의 장엄과 이런 일을 모두 분명하게 보았습니다. 이 세계를 보는 것처럼 시방에 있는 모든 세계도 그렇게 보고, 현재의 시방세계를 보는 것처럼 과거와 미래의 모든 세계를 그렇게 보는데 제각기 다른 것이 서로 섞이거나 어지럽지 아니하였습니다. [仍不雜亂隔別成]

선재동자가 이것을 얻은 뒤에는 보현보살이 오른손을 펴서 그 정수리를 만지었고, 정수리를 만진 뒤에는 선재가 곧 모든 세계의 미진수 삼매문三昧門을 얻었으며 모든 세계의 미진수 삼매로 권속을 삼았습니다. [百千三昧頓熏修]

이 사바세계의 비로자나 부처님 처소에서 보현보살이 선재동자의 정수리를 쓰다듬는 것처럼 시방에 있는 세계들과 저 세계의 낱낱 티끌 속에 있는 모든 세계의 모든 부처님 처소에 있는 보현보살도 모두 이와 같이 선재동자의 정수리를 쓰다듬었고, 얻은 법문도 또한 다 같았습니다. (중략)

## ④ 보현보살이 증득한 법문을 설하다[正授法要]

보현보살이 말하였습니다.

"착한 남자여, 나는 과거의 말할 수 없이 말할 수 없는 세계의 미진수 겁에 보살의 행을 행하며 온갖 지혜를 구하였느니라. 낱낱 겁 동안에 보리심을 청정케 하려고 말할 수 없이 말할 수 없는 세계의 미진수 부처님을 받들어 섬겼느니라. 나의 이러한 과거의 인연은 말할 수 없이 말할 수 없는 세계의 미진수 겁 동안에 말하여도 다할 수 없느니라."

"착한 남자여, 나는 이러한 세계의 미진수 방편 문으로써 모든 중생을 아뇩다라삼먁삼보리에서 물러가지 않게 하노라. 만일 중생이 나의 청정한 세계를 보고 들은 이는 반드시 이 청정한 세계에 날 것이요, 만일 중생이 나의 청정한 몸을 보고 들은 이는 반드시 나의 청정한 몸 가운데 날 것이니라."[見我形者得解脫]

## ⑤ 보현보살의 무한한 세계를 보다[無限法界]

이때 선재동자가 보현보살의 몸을 보니 잘생긴 모습과 사지四肢 골절의 낱낱 털구멍에 말할 수 없이 말할 수 없는 부처님 세계바다가 있고, 낱낱 세계바다에 부처님이 세상에 나시는데 큰 보살들이 둘러 모시었습니다.

선재동자가 보현보살의 털구멍에 있는 세계에서 한 걸음을 걸을 적에 말할 수 없이 말할 수 없는 세계의 미진수 세계를 지나가며, 이와 같이 걸어서 오는 세월이 끝나도록 걸어도 오히려 한 털구멍 속에 있는 세계바다의 차례와 세계바다의 갈무리와 세계바다의 차별과 세계바다의 두루 들어감과 세계바다의 이루어짐과 세계바다의 무너짐과 세계바다의 장엄과 그 끝난 데를 알지 못하였습니다. (중략)

## ⑥ 선재동자가 부처님세계와 동등해지다[刹等行等]

이때를 당하여 선재동자는 차례로 보현보살의 행원行願의 바다를 믿어서 보현보살과 평등하고[與普賢等][34], 부처님들과 평등하며[與諸佛等][35], 한 몸이 모든 세계에 가득하여[一身充滿一切世界][36], 세계가 평등하고[刹等], 행行이 평등하고[行等], 정각이 평등하고[正覺等], 신통이 평등하며[神通等], 법륜이 평등하고[法輪等], 변재가 평등하고[辯才等], 말씀이 평등하고[言辭等], 음성이 평등하고[音聲等], 힘과 두려움 없음이 평등하며[力無畏等], 부처님의 머무심이 평등하고[佛所住等], 대자대비가 평등하고[大慈悲等], 부사의한 해탈과 자재함이 모두 평등하였습니다. (중략)

---

34) 與普賢等 : 等因圓.
35) 與諸佛等 : 等果滿.
36) 一身充滿一切世界 : 一身下, 別顯等相, 此即義當等覺, 因位既滿更無所修, 故但說等不辨更求, 此則
　　一生頓成, 行布亦足, 非唯但約理觀, 初後圓融.

비 여 정 일 방 천 광
**譬如淨日放千光**에

비유컨대 밝은 해가 광명을 놓으면

부 동 본 처 조 시 방
**不動本處照十方**인달하야

본처를 떠나지 않고 시방을 비추듯이

불 일 광 명 역 여 시
**佛日光明亦如是**하사

부처님 해 광명도 그와 같아서

무 거 무 래 제 세 암
**無去無來除世暗**이로다

가고 옴이 없어도 어둠을 없애도다


비 여 용 왕 강 대 우
**譬如龍王降大雨**하사

비유컨대 용왕이 큰 비 내릴 때

부 종 신 출 급 심 출
**不從身出及心出**호대

몸에서나 마음에서 나지 않지만

이 능 점 흡 실 주 변
**而能霑洽悉周徧**하야

넓은 땅을 두루 적셔 흡족케 하여

척 제 염 열 사 청 량
**滌除炎熱使淸凉**로다

찌는 더위 씻어서 서늘하게 하누나


수 무 소 의 무 부 주
**雖無所依無不住**하며

비록 의지한 데 없으나 어디에나 다 있고

수 무 부 지 이 불 거
**雖無不至而不去**호미

비록 가지 않는 곳이 없으나 가지 않나니

여 공 중 화 몽 소 견
**如空中畵夢所見**하니

허공에 그린 그림과 꿈에 본 사물과 같이

당 어 불 체 여 시 관
**當於佛體如是觀**이이다

마땅히 불신佛身도 이와 같이 볼지니라

삼 계 유 무 일 체 법
三界有無一切法이　　　　삼계에 유위와 무위의 모든 법들을

불 능 여 불 위 비 유
不能與佛爲譬喩니　　　　부처님과 더불어 비유할 수는 없나니

비 여 산 림 조 수 등
譬如山林鳥獸等이　　　　비유하면 산림에 살고 있는 조수들

무 유 의 공 이 주 자
無有依空而住者로다　　　허공을 의지하여 사는 자 없는 것 같도다


찰 진 심 념 가 수 지
刹塵心念可數知하고　　　세계 티끌 같은 마음 헤아려 알고

대 해 중 수 가 음 진
大海中水可飮盡하며　　　큰 바닷물이라도 마셔 다하고

허 공 가 량 풍 가 계
虛空可量風可繫라도　　　허공을 측량하고 바람을 얽어매도

무 능 진 설 불 공 덕
無能盡說佛功德이로다　　부처님의 공덕은 말로 다할 수 없네


약 유 문 사 공 덕 해
若有聞斯功德海하고　　　이러한 공덕바다 누가 듣고서

이 생 환 희 신 해 심
而生歡喜信解心이면　　　기뻐하며 믿는 마음 내는 이들은

여 소 칭 양 실 당 획
如所稱揚悉當獲하리니　　위에 말한 공덕을 얻게 되리니

신 물 어 차 회 의 념
愼勿於此懷疑念이어다　　여기에서 의심을 내지 말라


지말법회 끝

[해설]　세상에 그 어떤 비유를 들어서 부처님에 대해서 설명하더라도 모두 희론戲論에 불과할 뿐이며, 있다거나 없다거나 하는 법으로 부처님을 설명하는 것은 불가능하다. 그래도 그나마 어느 정도 가능한 비유가 있다면 오직 허공뿐이라고 경전에 말씀하신다.

| 53선지식 20부류 | |
|---|---|
| 보살(菩薩) 5名 | 文殊菩薩, 觀自在菩薩, 正趣菩薩, 彌勒菩薩, 普賢菩薩 |
| 비구(比丘) 5名 | 德雲比丘, 海雲比丘, 善住比丘, 海幢比丘, 善見比丘 |
| 비구니(比丘尼) 1名 | 師子頻申比丘尼 |
| 우바새(優婆塞) 1名 | 明智居士 |
| 우바이(優婆夷) 5名 | 休捨優婆夷, 具足優婆夷, 不動優婆夷, 婆須蜜多女<br>賢勝優婆夷 |
| 동남(童男) 3名 | 自在主童子, 善知衆藝童子, 德生童子 |
| 동녀(童女) 2名 | 慈行童女, 有德童女 |
| 천(天) 1名 | 大天神 |
| 천녀(天女) 1名 | 天主光天女 |
| 외도(外道) 1名 | 遍行外道 |
| 바라문(婆羅門) 2名 | 勝熱婆羅門, 最寂靜婆羅門 |
| 장자(長者) 9名 | 彌伽長者, 解脫長者, 法寶髻長者, 優鉢羅華長者, 無上勝長者<br>鞞瑟胝羅長者, 堅固解脫長者, 妙月長者, 無勝軍長者 |
| 선생(先生) 1名 | 遍友童子師 |
| 의사(醫師) 1名 | 普眼長者『80 화엄경』 ※彌伽長者『60 화엄경』 |
| 선사(船師) 1名 | 婆施羅船師 |
| 국왕(國王) 2名 | 無厭足王, 大光王 |
| 선인(仙人) 1名 | 毘目瞿沙仙人 |
| 불모(佛母) 1名 | 摩耶夫人 |
| 불비(佛妃) 1名 | 釋迦瞿波女 |
| 제신(諸神) 10名 | 安住地神, 婆珊婆演底主夜神, 普德淨光主夜神<br>喜目觀察主夜神, 普救衆生妙德主夜神, 寂靜音海主夜神<br>守護一切城增長威力主夜神, 開敷一切樹華主夜神<br>大願精進力救護一切衆生主夜神, 妙德圓滿嵐毘尼林神 |

덕생동자와 유덕동녀는 장소와 법문이 같은 선지식이므로 1名으로 간주한다.

金剛幢菩薩 說第八眞如相廻向 法界廻向 衆生廻向 菩提廻向 實際廻向

대방광불화엄경 제30권 십회향품 변상도變相圖 (봉녕사 대적광전 벽화)

# 제40 보현행원품普賢行願品

## 1. 서분序分

[經文]　그때 보현보살마하살이 부처님의 거룩한 공덕을 찬탄하고 나서 여러 보살과 선재동자에게 말하였습니다.

"선남자여, 여래의 공덕은 가령 시방세계 모든 부처님들이 불가설 불가설 불찰 미진수 겁 동안 계속하여 설명할지라도 끝까지 다하지는 못할 것이니라. 만일 그와 같은 공덕을 성취하려면 마땅히 열 가지 크나큰 행원을 닦아야 하느니라."

## 2. 정종분正宗分

"열 가지 서원이란 무엇인가 하면

첫째는 [禮敬諸佛] 모든 부처님께 예배하고 공경함이요,

둘째는 [稱讚如來] 부처님을 우러러 찬탄함이요,

셋째는 [廣修供養] 널리 공양함이요,

넷째는 [懺除業障] 스스로의 업장을 참회함이요,

다섯째는 [隨喜功德] 남의 공덕을 따라 기뻐함이요,

여섯째는 [請轉法輪] 설법하여 주기를 청함이요,

일곱째는 [請佛住世] 부처님이 세상에 오래 머무르시기를 청함이요,

여덟째는 [常隨佛學] 항상 부처님을 따라 배움이요,

아홉째는 [恒順衆生] 항상 중생을 수순함이요,

열째는 [普皆廻向] 모두 다 회향함이니라." (중략)

# 항상 중생을 수순하다[恒順衆生]

[經文] "선남자여, 항상 중생의 뜻에 수순한다는 것[恒順衆生]은 말하자면, 온 법계 허공계 시방세계의 중생이 여러 가지 차별이 있어서 알에서 나고[卵生], 태에서 나고[胎生], 습기로 나고[濕生], 변화하여 나기도[化生] 하느니라. 또한 땅[地]과 물[水]과 불[火]과 바람[風]을 의지하여 살기도 하고, 허공[空]을 의지하여 살기도 하며, 풀[卉木]을 의지하여 살기도 하느니라.

또한 여러 가지 종류[生類]와 여러 가지 몸[色身]과 여러 가지 형상形狀과 여러 가지 모양[相貌]과 여러 가지 수명[壽量]과 여러 가지 종족[族類]과 여러 가지 이름[名號]과 여러 가지 성질[心性]과 여러 가지 소견[知見]과 여러 가지 욕망[欲樂]과 여러 가지 뜻[意行]과 여러 가지 위의威儀와 여러 가지 의복衣服과 여러 가지 음식飮食으로 여러 가지 시골의 마을[村營聚落]과 도시의 궁전[城邑宮殿]에 사는 이들이니라.

내지 천신天神과 용龍과 팔부신중八部神衆과 사람인 듯 아닌듯한 것[人非人]들이며, 발이 없는 것[無足]과 두 발 가진 것[二足]과 네 발 가진 것[四足]과 여러 발 가진 것[多足]들과 또 몸이 있는 것[有色]과 몸이 없는 것[無色]과 생각이 있는 것[有想]과 생각이 없는 것[無想]과 생각이 있는 것도 아니고 없는 것도 아닌 것[非有想非無想]이다. 이와 같은 갖가지 종류들을 내가 모두 그들에게 수순하여 갖가지로 섬기고 갖가지로 공양하기를 부모와 같이 공경하고 스승과 아라한과 내지 부처님이나 다름이 없이 받드는 것이니라.

①병든 이에게는 의원이 되고[於諸病苦爲作良醫], ②길을 잃은 이에게는 바른 길을 보여주고[於失道者示其正路], ③캄캄한 밤에는 빛이 되어주며[於闇夜中爲作光明], ④가난한 이에게는 묻혀 있는 보배를 얻게 하면서[於貧窮者令得伏藏], 이렇게 보살이 ⑤일체중생을 평등하게 이롭게 함을 말하는 것이니라[平等饒益一切衆生].

왜냐하면 보살이 만약 중생을 수순하게 되면 곧 모든 부처님을 수순하여 공양하는 것이 되기 때문이며, 만약 중생을 존중히여 섬기면 곧 부처님을 존중하여 섬기는 것이 되기 때문이며, 만약 중생을 기쁘게 하면 곧 부처님을 기쁘게 하는 것이 되기 때문이니라. 왜 그런가. 부처님은 자비하신 마음으로 바탕을 삼으시기 때문이니라. 중생으로 인하여 큰 자비심을 일으키고 자비로 인하여 보리심을 내고 보리심으로 인하여 정각을 이루느니라.

비유하자면 마치 넓은 모래사장에 서 있는 큰 나무의 뿌리가 물을 만나면 가지와 잎과 꽃과 열매가 모두 무성함과 같아서 나고 죽는 광야의 보리수도 또한 이와 같으니라. 일체중생은 뿌리가 되고 부처님과 보살들은 꽃과 열매가 되어 자비의 물로 중생을 이롭게 하면 모든 부처님과 보살들의 지혜의 꽃과 열매를 이루느니라.

왜냐하면 보살들이 자비의 물로 중생을 이롭게 하면 최상의 깨달음을 성취하기 때문이니라. 그러므로 보리는 중생에게 달렸으니 중생이 없으면 모든 보살이 마침내 가장 훌륭한 정각을 이루지 못하느니라.

선남자여, 그대는 이 이치를 이렇게 알아라. '중생에게 마음을 평등하게 함으로써 원만한 자비를 성취하고, 자비심으로 중생을 수순함으로써 부처님께 공양함을 성취하는 것이다.'라고 알아야 하느니라.

보살은 이와 같이 중생을 수순하나니 허공계가 다하고 중생계가 다하고 중생의 업이 다하고 중생의 번뇌가 다하여도 나의 수순함은 다함이 없느니라. 염념이 계속하여 잠깐도 쉬지 않건만 몸과 말과 뜻으로 하는 일은 지치거나 싫어함이 없느니라."(중략)

## 3. 회향게廻向偈

아 차 보 현 수 승 행
**我此普賢殊勝行**과　　　　　　나의 이런 보현보살의 거룩한 행과

무 변 승 복　　 개 회 향
**無邊勝福**을 **皆廻向**하야　　　그지없이 훌륭한 복을 모두 회향하여

보 원 침 익 제 중 생
**普願沈溺諸衆生**이　　　　　　진정으로 삼계 고해 헤매는 모든 중생이

속 왕 무 량 광 불 찰
**速往無量光佛刹**하노이다　　　아미타불 극락세계 왕생하길 바라나이다

# 餘談

## 1. 한역본漢譯本

　현존하는 한역본漢譯本『화엄경』은 번역되어신 순서대로 살펴보면 60권본卷本과 80권본과 40권본의 세 종류가 있다.

　『60화엄경』[舊本]은 동진東晉 의희義熙년간 북인도의 삼장 불타발타라佛馱跋陀羅 (359~429)가 양주揚州의 사사공사謝司空寺[道場寺]에서 범본梵本 3만 6천 게송을 418년에 번역을 시작하여 420년에 진본晉本 60권을 완성하였다. 법업法業이 필수筆受하고 혜엄慧嚴, 혜관慧觀이 윤문하였다. 당唐 영융永隆 원년(680년)에 태원사太原寺[崇福寺]에서 중인도의 삼장 지파가라地婆訶羅(613~687)가 입법계품 중에 누락된 부분을 역출譯出하고, 도성道成·박진薄塵·대승大乘 등이 함께 번역하고, 복례復禮가 윤문하였다.

　『80화엄경』[新本]은 대주大周 증성證聖년간 우전국于闐國의 삼장 실차난타實叉難陀 (652~710)가 동도東都의 변공사遍空寺에서 695년에 번역을 시작하여 699년에 낙양洛陽의 불수기사佛授記寺에서 마쳤다. 구본舊本에 9천 게송을 더하여 4만 5천 게송의 당본唐本 80권을 완성하였다. 그 범본은 측천무후則天武后가 우전국에 칙사를 보내어 가지고 온 것으로 의정義淨·홍경弘景·원측圓測·신영神英·법보法寶·현수賢首 등이 함께 번역하고, 복례復禮가 윤문하였다. 특히 현수스님은 신구新舊 두 본을 범본과 교감하여 지파가라가 보충한 경문과 실차난타의 탈문脫文을 맞추어 경문의 뜻이 연결되도록 하였다.

　『40화엄경』은 60화엄경과 80화엄경의 입법계품에 해당한다. 계빈국罽賓國의 삼장 반야般若(734~?)가 장안長安의 숭복사崇福寺에서 청량淸凉·원조圓照의 상세한 감수를 받으면서 796년에 번역을 시작하여 798년에 40권을 완성하였다.

## 2. 입법계품入法界品

보현행원으로 법계에 들어가는 것을 입법계入法界라고 한다. 입入은 깊이 깨달았다는 뜻이며, 몸의 실천행[身入]은 마음의 깨달음[心入]을 따르므로 신입信入과 해입解入과 행입行入이 원만해지면 비로소 법계에 증입證入하게 되는 것이다. 법계는 곧 일진법계一眞法界이며 즉 진여법계眞如法界이다. 모든 부처님과 중생의 본원本源이자 청정한 일심一心을 말한다.

『起信論』에 이르기를 '법法이라는 것은 중생심을 말하는데[所言法者 謂衆生心], 이 일심一心이 곧 일체 세간법世間法과 출세간법出世間法을 섭수한다[是心即攝一切世間法出世間法].'라고 하였다.

『60화엄경』[舊本]은 제34품의 44권부터 60권까지 17권이 입법계품이며, 『80화엄경』[新本]은 제39품의 60권부터 80권까지 21권이 입법계품이다. 그리고 『40화엄경』은 제1권부터 제40권까지 전체가 입법계품入法界品이며, 다른 이름으로 『입부사의해탈경계보현행원품入不思議解脫境界普賢行願品』이라고 한다.

특히 『40화엄경』의 마지막 제40권만 별행본으로 만들어 『보현행원품普賢行願品』으로 유통하기도 하며, 신新, 구본舊本의 입법계품에는 없는 보현보살의 십종대원十種大願과 중송重頌을 첨가하여 실은 것이 특색이다. 화엄사상의 실천덕목인 보현보살의 행원行願이 핵심적으로 잘 정리되어 있다. 부처님의 불가사의한 해탈경계를 깨달아 보현행원으로 끝없이 중생을 구제한다는 뜻이다. 보현보살은 문수보살과 더불어 화엄경에서 가장 중요한 인물이다. 『화엄경』이 시작되는 「세주묘엄품」에 첫 번째 보살로 언급이 되고, 『화엄경』이 끝나는 「입법계품」에 마지막 보살로도 언급이 된다.

그리고 제3 「보현삼매품普賢三昧品」과 제36 「보현행품普賢行品」과 제39 「보현행원품(입법계품)」 등 직접 보현보살의 이름을 빌린 품의 이름이 있을 만큼 『화엄경』은 보현보살경이라고 해도 지나치지 않다. 옛 해석에 보현보살을 『화엄경』의 장자長子라고 하고, 문수보살을 소남小男이라고 하였다.

## 3. 삼성원융三聖圓融

비로자나불과 문수보살과 보현보살을 삼성三聖이라고 하며 서로 원융하여 일체가 된다고 하였다. 그 중에 비로자나불은 일체 덕德의 총체總體가 되고 부처님의 불가설不可說을 상징하며, 문수보살과 보현보살은 비로자나불의 별덕別德이 되고 보살의 가설可說을 상징한다. 문수보살은 법계의 진리를 능신能信하는 신심과 능증能證하는 대지혜를 표하고, 이에 대하여 보현보살은 소신所信의 법계와 소증所證의 진리를 표한다.

비로자나불은 법法과 성性이 원융하여 두 모양이 없는 부동不動의 근본진리이며, 문수보살은 영원히 변함없는 천진면목을 통달하여[文殊達天眞], 법계의 진리를 충분히 이해하는 인격체이고[解], 보현보살은 시시때때로 변해가는 천차만별의 생멸인연을 명료하게 알아서[普賢明緣起], 법계의 진리를 온전히 실행하는 인격체이다[行]. 각각 원만하여 주객이 둘이 없는 능소불이能所不二의 신해행증信解行證이 원융하게 이루어진다.

이와 같이 두 보살이 나타내는 법은 서로 무르녹아서[互卽互融], 끝없이 반복된다[重重無盡]. 이것은 성불成佛에 이르는 수행이 이미 완성되었음을 표시하며, 수행의 입장과 깨달음의 입장이 동일하여 불과佛果의 경계에 귀속된다. 이로 말미암아 삼성三聖이 원융하여 일체가 된다. 청량국사는 삼성원융의 법문이 곧 『화엄경』에서 설하는 심오한 뜻이므로 『화엄경』을 의지해서 수행하고자 하는 사람은 모름지기 자기의 일념一念 위에 이 법문을 세세히 살펴보아야 법계에 들어 갈 수 있다고 하였다.

행行을 말미암아 이理를 증득하니[由行證理], 행行 외에 이理가 없으며[無行外之理], 이理를 말미암아 행行이 나타나니[由理顯行], 이理 외에 행行이 없다[無理外之行]. 본체의 이理와 작용의 행行이 서로 원융하여 본체로부터 작용을 일으키고[從體起用], 작용을 거두어 본체로 돌아가므로[攝用歸體], 본체와 작용이 둘이 없다[體用不二].

'마음과 부처와 중생 셋은 차별이 없다[心佛及衆生 是三無差別]'라는 말씀이 『60화엄경』「야마천궁게찬품」여래림보살장에 나온다. 이것은 소증所證하는 이理, 증證, 지智가 모두 일심一心을 벗어날 수 없다는 뜻이다.

## 4. 여래장如來藏

여래장은 여래법신如來法身이며, 일진법계一眞法界이며, 일심一心이며, 불성佛性이며, 자성自性이다. 텅 빈 진공眞空으로 말하면 허공장虛空藏이며, 가득한 묘유妙有로 말하면 무진장無盡藏이고, 염정染淨으로 말하면 연화장蓮華藏이며, 명암明暗으로 말하면 일장日藏, 월장月藏이고, 수행修行으로 말하면 금강장金剛藏으로 누구에게나 간직된 복장伏藏이다.

청량국사는 『삼성원융관문三聖圓融觀門』에서 중생의 심념心念은 여래장如來藏을 의지해서 생멸하기에, 자기의 마음에 여래장이 있음을 스스로 믿지 않으면 진정한 보살 수행자가 아니라고 하였다[不信自心有如來藏 非菩薩故]. 누에고치처럼 번뇌에 갇혀 있지만 여래를 간직한 보현보살을 재전여래장在纏如來藏이라고 하며[所信], 그것을 믿는 능력을 문수보살이라고 한다[能信]. 또한 고치를 뚫고 나온 누에나방처럼 번뇌에 매이지 않는 행行, 이理를 수용한 보현보살을 출전여래장出纏如來藏이라고 하며[所證], 그것을 해解, 지智로 증득하는 능력을 문수보살이라고 한다[能證].

망심妄心이 없는 공여래장空如來藏에 있으면서 한편으로 묘유妙有의 보현보살이 되고, 진심眞心이 가득한 불공여래장不空如來藏에 있으면서 한편으로 진공眞空의 문수보살이 되므로 체용體用과 이사理事가 원융하여 둘이 없다. 총여래장總如來藏의 이치에서는 비로자나불이 되므로, 오직 현전現前의 일념一念 위에 삼성三聖의 원융圓融함이 갖추어져 있음을 철저히 관찰하라고 청량국사는 제창提唱하였다.

## 5. 보현행원普賢行願

보현행원은 실제 덕행을 감추고 여러 가지 방편으로[隱實德而現權形], 근본지를 의지하여[從根本智果] 끝없이 중생을 구제하는[起普賢行願] 무연대비無緣大悲이다. 모든 사람이 불성을 가지고 있어서[一切衆生 悉有佛性], 이미 완전한 정각을 이루고 있기에[諸佛子已成正覺], 본래 부처라고 말한다. 그렇지만 박학다식하더라도 신심이 얕으면 삿된 견해에 빠지기 쉽고[有解無信 增邪見故], 또한 신심이 견고하더라도 깊이 알지 못하면 미혹하게 된다[有信無解 長無明故]. 지극하게 자비로우면 친하고 소홀한 차별이 사라지고, 참으로 지혜로우면 선하고 악한 업이 함께 녹아진다.

신심과 이해가 참되고 바르면[信解眞正], 비로소 마음의 근본을 깨달아서[方了本原], 최고의 지혜를 성취하고[成其極智], 최고의 지혜를 돌이켜 비추면[極智反照], 한결같은 마음임을 알게 된다[不異初心]. 천진天眞함 속에는 망연妄緣이 조금도 없고, 허망한 인연에는 천진함이 전혀 없지만, 인연의 달그림자가 흐르는 강물에 어리듯 불수자성수연성不守自性隨緣性이라는 진공묘유眞空妙有가 세상에 빽빽[森森]하다.

선재동자가 여러 선지식을 친견하며 묻는 질문은 하나뿐이지만 선지식들의 대답은 그때마다 다양하다. 그러나 진짜 대답은 늘 선재동자 자신에게 있다. 한 그루 나무에 잎도 꽃도 열매도 많고, 찾아오는 새도 벌레도 계절도 많으며, 혹시 크고 작은 병이 들기도 하지만 언제나 그 나무일뿐이다.

철마다 새로운 꽃이 피고, 해마다 새로운 잎이 돋는데, 종일토록 산마루를 밟고 가면서 어리석게 그 산을 찾고 있는 삼계三界의 나그네. 마음은 결코 마음을 볼 수 없지만[心不見心], 그래도 이제 내 주머니에는 나침반 하나 있다. '지남도指南圖'.

## 수매隋梅를 찬탄하며 / 용학

한 산 고 목 일 고 지
**寒山古木一孤枝**

탄 발 신 화 묘 유 시
**綻發新花妙有時**

본 제 주 인 진 공 처
**本際主人眞空處**

무 인 무 법 도 무 지
**無人無法都無知**


차가운 골 천태산 국청사
천 수백년을 버텨온 매화 등걸
삭아드는 삭정이 고고한 나뭇가지에


올해도 버거움 없이
아름다운 꽃향기 터진다
나무는 옛 것이나 꽃은 지금 이 순간


애제 나무를 심던 때와
스쳐온 사람들의 자취
생각으로 더듬어 잡을 수 없으니


비로소 알겠다
시절인연으로 흐르는 무상함을
그리고 내가 나를 알 수 없다는 것을.


※천태산 국청사 1400여년 된 수나라 매화를 바라보며 2008년. 杭州.

# 대방광불화엄경
## 大 方 廣 佛 華 嚴 經

## 입법계품 지남도 入法界品 指南圖

초판   1쇄 발행 2022년  3월 12일

1쇄 개정판 발행 2022년 10월 10일

2쇄 발행        2023년  2월  6일

.

기획·해설 法海 龍學 | 펴낸이 김윤희 | 그림채색 정기란 | 디자인 방혜영 | 펴낸곳 맑은소리맑은나라 | 출판등록
2000년 7월 10일  제 02-01-295 호 | 주소  부산광역시 중구 중앙대로 22 동방빌딩 401호 | 전화  051-255-0263 |
팩스  051-255-0953 | ISBN  978-89-94782-96-6  03220   값 28,000원